勉強のやる気がすぐ起きて→ずっと続く方法

＼偏差値35から
東大合格／

西岡壱誠
Nishioka Issei

東大モチベーション

かんき出版

はじめに

みなさんは「勉強」は好きですか?

この本を手に取ってくれたみなさんは、きっと学生でしょう。

大半の人は、自分の時間のかなりの割合を勉強にあてていると思います。

平日は毎日、朝から夕方まで学校に通って勉強します。それに加え、試験勉強をしたり、受験勉強をしたりしなければなりません。

でも、そんな長くつき合っていて、「勉強」とは〝旧知の仲〟であるにもかかわらず、「勉強するのが好きだ」って言う人ってなかなかいませんよね。

僕は全国津々浦々、中学校や高校などで、年間200回くらい講演しています。

その講演の最初に「勉強は好きですか?」と聞きます。

返ってくる答えは、たいていの場合「嫌いだ」です。

「好きだ」という答えのほうが多い学校なんて、一回も行ったことがありません。

ぶっちゃけだいたいの人が「やりたくない」と考えていると思います。

僕もその気持ちはすごくわかります。

僕もずっと、勉強が嫌いでした。勉強なんてずっとやりたくないと思っていたし、だからこそ偏差値35でした。

実は東大生も一緒なんです。

意外かもしれませんが、東大生も、別に「勉強が好き」とは考えていないんです。

東大生だって、中高時代に勉強が好きだった人は少ないです。やる気が出ないし、やりたくないと思っていたのです。

それでも、彼ら彼女らは長い時間勉強して、東大に合格しています。


やる気がないのに、なぜ勉強を続けられたのでしょうか？

「やる気がなくても動ける方法」を知っているからです。

たとえば、勉強をする場所によって、成績が大きく変わります。

スマホを、勉強中にポケットに入れているか、机に置いているか、かばんの中にしまっているかで、やる気が大きく変わることが、最近の研究でわかっています。

問題を解いたあとに丸つけをすぐにするか、それともしないで少し置いておいているかで、勉強に対するモチベーションは増えたり減ったりします。


本当にちょっとした差で、勉強のやる気は上下してしまうのです。

そしてそれは、生まれつきのものでもなければ、精神的な強さとか弱さとか、そんなものでもありません。**実はちょっとした、簡単な工夫で、やる気が出るか出ないかは分かれる**のです。

僕も「勉強のやる気」がぜんぜんなかった人間でした。

勉強するモチベーションがぜんぜんなくて、小学校中学校は学年ビリ。

高校は歴代東大合格者0の高校で、模試の偏差値は35。

とても、東大なんて行くような人間ではありませんでした。


もちろん、頭では勉強をしなければならないことはわかっていました。勉強して、いい大学に入ったほうが幸せなのかもしれないし、勉強しておいたら将来、いい職業についたりすることもできるのかもしれない。そうなんだろうな、となんとなく漠然《ばくぜん》と知ってはいました。

でも、やりたくない。

それよりゲームをしたり、遊んでいたりしたほうが楽しい。

ポケモンをやったりデュエル・マスターズをやったりアニメを観たりマンガを読んだりしていたほうが楽しい。だから、勉強しない。

そんな日々が続いた結果が、「偏差値35」だったわけです。

そこから、僕は受験をすることになったのですが、そのときにいろんな頭のいい人のやり方を学ぶことになりました。

その中で気づいたことは二つ。

一つは、頭のいい人・結果を出している人は、自分の「やる気」「モチベーション」をうまくコントロールして、**「やりたくないこと」とうまく向き合っている**ということです。

そしてもう一つは、**その向き合い方は、「技術＝テクニック」**であって、生まれつきの天性のものではないということです。

テクニックだから、マネすれば誰でも同じように、やりたくないことでも楽しんで、結果を出すことができる。

僕は受験を通して、さまざまな東大志望の友達と出会って、そのテクニックをマネすることができるようになりました。

その結果、東大に合格することができました。

この本では、僕が経験から学んだテクニックを、以下の順番でみなさんにご紹介します。

【ステップ1】勉強前にやることを整理します。
【ステップ2】勉強中にみなさんの気を散らす〝ジャマ〟を取り除きます。
【ステップ3】勉強後に定着させるための振り返りをします。

【ステップ1】は第2章、【ステップ2】は第3章、【ステップ3】は第4章でそれぞれ紹介します。

この三つのステップを踏めば、「なかなか勉強が続けられない人」から、確実に続けられる人」に変わることができます！
誰でもすぐに、そして簡単にできる方法ばかりです。
この通り実行してもらえたら、最終的には「受かる人」になれるはずです！

ちょっと話は変わりますが、ダイエットに成功する人ってなかなかいないですよね。うまく体重を落とすことができずに苦しんでいる人は、たくさんいらっしゃると思います。でも、ダイエットってやり方はみんなわかっているはずです。

健康的な生活を送り、栄養バランスを考えた食事を摂り、間食したりお菓子を食べたりカロリーの高い食事をしない。これだけを守っていればダイエットに成功できない人はいないはずですが、しかしそれでも事実としてダイエットは難しい。
なぜなら、**やらなければならないことがわかっていても、やりたくないことをやるのは難しいから**です。

勉強も同じです。

どんなにいい方法を知っていたとしても、どんなにいい授業を受けていたとしても、みなさんが**「やりたくない」と思っているうちは、絶対に成績は上がりません。**

ちょっとした工夫を使って、「やろう」という気になれるようにすること。

これが重要なのです。この本を読んで、みなさんが「やろう」という気になれるようになれば、こんなにうれしいことはありません。

がんばってください！

CONTENTS

東大モチベーション

勉強のやる気がすぐ起きて→ずっと続く方法

序章

勉強は「やる気」が9割

第1章

勉強する自分になるためにはどうしたらいい？

第2章

STEP1

「勉強前」にやることを整理する

勝手にやる気が出る環境を作ろう

第3章

STEP2

「勉強中」のジャマを取り除く

一度出たやる気を持続させる方法

第4章

STEP3

「勉強後」に振り返る

やる気がずっと続く自分を作ろう

第5章 STEP＋α

緊張しない自分になる

「不安」と「迷い」をゼロにして受かる自分になる方法

第6章 受験生からの質問にぜんぶお答えします！

ブックデザイン　喜來詩織（エントツ）
ＤＴＰ　フォレスト
カバー・本文イラスト　坂木浩子（ぽるか）

序章

勉強は「やる気」が9割

○勉強しなくちゃいけないことはわかっているのに、なぜ、できないのか？

「はじめに」で、ダイエットってなかなかうまくいかないというお話をしました。

体重を落とすことができず、悩んでいる方はたくさんいらっしゃると思います。

でも、ダイエットのやり方って、みんなわかっているはずなんです。

○健康的な生活を送る
○栄養バランスを考えた食事を摂る
○お菓子などのカロリーの高い食べ物は控える

もちろん、これだけを実行すれば体重が落とせるかどうかはわかりません。しかし、ある程度は効果があるでしょう。

しかしそれでも、ダイエットは難しい。なぜでしょうか？

なぜなら、**やらなければならないことがわかっていても、やりたくないことをやる**

のは難しいからです。

僕は、勉強も同じだと思うんです。

どんなにいい方法を知っていたとしても、どんなにいい授業を受けていたとしても、みなさんが「やりたくない」と思っているうちは、絶対に成績は上がりません。

これは、実は教育学的にも証明されている話です。

実際、やる気になっている人とやる気になっていない人のデータを調べると、学習時間や「地頭」のレベルが同じくらいだったとしても、**やる気になっている人のほうが圧倒的に成績の伸びがいい**のです。

みなさんが、「ああ、やりたくないな〜」と思いながら10時間勉強するのと、「よっしゃ！　やってやろう！」と思って1時間勉強する。どっちがいいと思いますか？

圧倒的に、やる気になっている1時間のほうが効果があるでしょう。

そう考えたら、だらだらと10時間勉強するのなんて、バカらしいと思いませんか？

やる気になって、本気で取り組んだほうが、効率もいいし結果も出るわけです。

○勉強する自分になるために必要なこと

ということで、勉強は受け身になってやるのではなく、能動的に、こちらからやろうとしたほうが、効果が出やすいです。

受動的・能動的、という言葉がありますね。こんな意味です。

○受動的：指示を受けて、誰かから言われてやること

○能動的：指示を受けなくても、自分から進んでやること

「手のひら」で表現してみましょう。

たとえばみなさんが、「手のひら」を上に向けると、どういうポーズになりますか？「ください」というポーズですね。手のひらを上に向けていると、「何かを教えてください」という姿勢になります。

基本的に、みなさんのほとんどが、今、このポーズをしています。自分の手のひらの上に、誰かが乗せてくれるのを待っている状態なのです。これが、受動的です。

逆に、その手のひらをひっくり返してください。どういうポーズになりますか？

「つかみ取る」ポーズですよね。何かを乗せてくれるのを待つのではなく、**「何かを取りに行く」というポーズ**です。これが、能動的です。

「授業を受ける」という言葉は、英語で表現すると「Take a class」です。日本語では「受ける」という受動的な言葉です。しかし、英語では「Take」。つまり、「取る」という意味であり、能動的な言葉です。

僕らは、勉強というと、つい「やらされるもの」というイメージを持ちますね。でも実は、勉強は勉強する人が主体。つまり、**能動的なものでないといけない**のです。

東大生は能動的に自分でつかみ取って、東大に合格している人が多いです。逆に言えば、受動的なままでは東大には合格できません。

「先生に言われたから」という理由で東大に合格している人なんてほとんどいません。きっかけは他人の一言かもしれないけれど、**何かを自分でつかみ取ろうとしたから、東大に合格している**のです。

このポーズの違いを、みなさんぜひ、覚えておいてください。

みなさんはこの本を読んで、自分で勉強のやる気を出せるようにしなければなりません。決して、僕がみなさんの勉強のやる気を引き出してあげる、というわけではないのです。みなさん自身が、僕から「Take a class」するのです。

「Take a class」の具体的な方法を、第1章でお話しします!

第 1 章

勉強する自分に
なるためには
どうしたらいい？

01

勉強のやる気が起きないのはなぜ？

この本を手に取ってくれたみなさんは、基本的に「やる気がない」という悩みを抱えていると思います。

ここからは具体的に、どうすれば「やる気」になれるのか、という話をします。

ですがその前に、みなさんに質問です。

そもそも、なんでみなさんはやる気になれないのでしょうか？

おそらく多くの人は、「やらなきゃならないのはわかっている」と思います。

ゲームをしたり遊んでいたりするよりも、将来のことを考えたら、勉強したほうが後々の人生にプラスになる、くらいのことは理解しているはずです。

でも、なぜかやる気が出ない。それはなぜなのでしょうか？

実は僕も、まったく同じ悩みを持っていました。

やることはわかっているし、やらなければいけないことも理解していました。

でも、どうしてもやる気が出ない。

そこで僕は、どうしてやる気が出ないのかを考えることにしました。

やる気が出ない原因を探ろうと思ったのです。なぜそんなことをしようと思ったたか？

それは、**やる気が出ない原因を探して、それを解決するのが一番効率がいいと思ったた**からです。「急がば回れ」ってやつですね。

僕は、しばらく考えていました。
そして、一つの結論を導きました！
勉強のやる気が起きないのはなぜ？　その答えは……！

勉強しても、その努力が報われるか保証されていないから。

勉強したところで、その勉強が将来の役に立つ保証なんてないじゃないですか？

「数学の公式を覚えても将来使うかどうかわからない」
「社会に出たら、学校の勉強なんて役に立たないってよく言われる」
「そもそも、努力したって、行きたい学校に行けるかなんてわからない」
「それなのにがんばったって、なんの意味もないんじゃないか」

そんな思いが、やる気を削いでいるのではないでしょうか？
少なくとも僕はそうでした。みなさんはいかがですか？

02

東大生がやっている「正しい」努力のしかた

「努力は報われる」って言葉って、よく聞きますよね。

「努力すれば、必ずなんらかのかたちで報われる」という意味で使われている言葉です。でもこの言葉って、結構、賛否両論ある言葉でもあります。

「努力は報われる」っていう言葉を信じている人もいれば、「努力したってムダ」と思っている人もいます。

「報われる派」の人の考え方はこうです。

「がんばって何かを達成しようとすること自体に大きな意味があって、短期的に成功

しなくても長期的な視野で見れば、努力は報われる場合が多い！　努力には意味がある！　報われる！」

一方、「報われない派」の人はこう考えます。

「そんなことはない。報われないことだってある！　がむしゃらに努力したって結果につながらない！」

「やらない後悔をするよりやって後悔したほうがいい」なんてこともよく言いますね。でも実際には、「やってしまった後悔」だってあるわけで。

がんばっても報われないこともあるのなら、はじめから、やらないほうがいいんじゃないかと思ってしまうこともあると思います。

その気持ちはとてもよくわかります。「自分の努力が報われなかったらどうしよう」って思いますよね。

これが、やる気を阻害してしまう原因です。

ということは、一番いいのは、「やって後悔しないこと」ですよね。

やって結果が出れば後悔しない。つまり、**結果が出るように努力すれば後悔しなくて済む**のです。


ここでハッキリ言います。

みなさんの努力は、そして勉強は、必ず報われます。


ただし、一つだけ条件があります。

「正しい努力」をすることです。**努力のしかたが正しければ、絶対に報われます。**

断言します。なぜなら、努力とはそういうものだからです。


東大生の多くは、正しい努力をした結果、合格を勝ち取りました。

では、正しい努力のしかたとは？　まずは、以下の二つの「作業」が必要です。

①自分に足りていないところを自覚する。

②自分が到達したいと思っている部分を把握する。

あとはやることは一つ。**その間を埋めます。**これが正しい努力のしかたです。

やっていることがぜんぜん違う方向を向いていたり、現在地に合っていない勉強をしているうちは成績なんて上がりません。でも、それがきちんと方向性の正しい努力であれば、報われないわけがないんです。

結論です。やる気を出そうと思ったときの第一歩は、「**方向性の正しい努力であれば報われる**」と実感するのです!

なんだか、やる気がわいてきませんか?

03
東大生がやっている、勝手にやる気が出てくる方法

少しだけ、脳科学の話をさせてください。

やる気は、基本的には「脳」から出ます。

脳からドーパミンという物質が分泌されると、やる気が出て、「やるぞ!」という気になります。

でも、脳の中でそのドーパミンの分泌をジャマする場所があります。それは「島皮《とうひ》質《しつ》」という部位です。

ここは、大ざっぱにいうと人間の「損得勘定」をつかさどるところです。

もしみなさんの中で、**「なかなかやる気が出ない!」と感じている人は、島皮質が働きすぎてしまっている**ケースが多いのかもしれません。

損得勘定が強いので、「なんでこれをやらなければならないんだ」という思いが先行してしまう。

逆に何にでもやる気になれる人というのは損得勘定が少ないので、「なんでやるのか？」という理由がなくても実行できてしまう、ということです。

「こんなことやっても、意味ないんじゃないの？　報われないんじゃないの？」

と意識的であれ無意識的であれ、考えているから、勉強のやる気が出ないのです。

要するに**「やる気がない」**のではなく、**「やる理由がない」から行動できない**んです。

逆に言えば、うまくやる気が出るように自分のことを誘導できれば、勝手にやる気が出てきます。そのために、**やる理由を明確にする**わけです。

実は、多くの東大生もこのように考えてやる気を出してきました。みんな最初からやる気があったわけではありません。

「これをやったらこういうことにつながるんだ！」

と考えて、勝手にやる気が出る方向に自分を向かせたわけなんです。

運動部に入っている人はいますか？

たとえば、走り込みや筋トレの時間にも「めっちゃやる気あるわ！」とやる気が満ちあふれていることって、なかなかないと思います。

走り込みとか筋トレしている時間はつまらないし、つらい……。

「早くサッカーやりたいよ」

「早くバットを持ってプレイしたい！」

と思うことでしょう。

ですが、試合に出て勝ったり負けたりして、強いチームの選手の特徴などがわかってくる。また、自分のチームでうまい人がふだんやっていることを見ると、

「ああ、やっぱり基礎体力が大事なんだな」

「筋トレとか走り込み大事だわー」

と思うようになる。そうなると、走り込みや筋トレにも意味が見出せるでしょう。

「走り込み、楽しいだろ！　さあ、やる気を出せ！」

と監督に言われてもやる気が出ないものです。

必要なのは、**その走り込みが一体何につながっているのか？　筋トレの意味を考えること**です。ここからこの本では、次の二つのことをお伝えします。

1.「正しい方向性の努力のしかた」

2.「やる気の出る方法論」

そのために、以下の三つのステップについて具体的にお話しします。

勉強する前に準備しておくこと。
勉強中に使えるテクニック。
勉強後にやっておくと次の勉強に活かせること。

勉強前↓勉強中↓勉強後と、それぞれの「フェーズ」でやるべきことをお伝えします！

ここからの具体的なテクニックを一つでも多く身につけて、「正しい方向性の努力」を自分の中にインストールしてください。

努力を結果に結びつける見通しが立てば、きっとみなさんの「やる気が出ない」という悩みも減るでしょう！

「**やって、後悔しない努力を組み立てる**」

そのためにぜひ、みなさんがんばっていきましょう！

"正しい努力"のしかたとは？

① 自分に足りていないところを自覚する。

② 自分が到達したいと思っている部分を把握する。

そして①と②の間を埋める!!

努力は報われます!!!

第 2 章

STEP1

「勉強前」にやることを整理する

勝手にやる気が出る環境を作ろう

01

机をきれいにしよう！

勉強の環境を整えれば、勉強する気持ちになれる

みなさん、成績が上がるか上がらないかは「机の上」によって決まる、と言われたらどう思いますか？

実は僕、特殊能力を持っています。その特殊能力とは、**みなさんがふだん使っている机の上の状況を見れば、成績が上がる机かどうかがわかる**というものです。

「なんでそんなことがわかるの⁉」と思うかもしれませんが、とても簡単な話です。

机の上がゴミゴミしていたり、マンガやゲームが置いてあったり、お菓子のごみやレシートがたくさん置いてあったら、そこで集中するのは至難の業です。というか、集中できるはずがありません。

逆に、きちんと整理されている。参考書や教科書がたくさん置いてある。文房具などが整理して置かれている。このような机で集中するのはとても簡単です。

○集中できる環境は自分で作ろう！

人間は、環境によって左右される生き物です。

砂漠の暑いところで読書しようと思っても集中できませんよね？　騒音でめちゃくちゃうるさい中では眠れないですよね？　それと同じように、**勉強には勉強に適した環境があるのです。**つまり、成績を上げたいなら、勉強する前に「環境」を整えなければならないのです。では、とても大切なことなので確認します！

「なんか集中できないんだよな〜」
「なんかやる気にならないんだよな〜」

と思ったら、真っ先にやるべきことはなんですか？
「やる気を出そう！」とムチャなことをするのではありません！
みなさんがやるべきことは、とにかく**机の上を整理して、「勉強」に適した環境を作る**ことなのです。

○ 整理整頓の5ヶ条

まずは整理整頓から始めましょう。とは言っても、何から始めていいかわからない、なんて人もいるでしょう。

そこで、いつも僕がやっている整理整頓術を、「整理整頓の5ヶ条」としてまとめてみました。超簡単です。ぜひ確認してください！

1、本を横に置いていませんか？　積み上げるように本を置いているうちは、整理なんてできません。本は基本的にタテに置きましょう。

2、ちゃんと各科目で整理していますか？　国語と数学と英語と理科と社会がミックスになってしまっていませんか？　国語のスペース・数学のスペース・英語のスペース、と順番に整理しましょう。

3、プリントは整理できていますか？　ファイルに入っていないような状態はもってのほかです。科目ごとに整理しましょう。オススメの方法は、各科目のプリントを入れるクリアファイルを買うことです。ちなみに僕は、好きなアニメキャラのクリアファイルを五つ買い、「このアニメキャラは理系のキャラだから、理科のプリントを入れよう！」というように整理していました。

4、文房具は整理できていますか？　きちんと文房具を入れるための筆入れなどを買って、赤ペンとシャーペンまたは鉛筆が一瞬で出てくるようにしましょう。

5、机の中にゲームは入れていませんか？　すぐ手の届く範囲に遊べるものがあると、集中力が下がります。

この五つをクリアした状態で、勉強に臨んでください！

整理整頓の5ヶ条

1. 本を縦に置いているか

2. 各科目で整理しているか

3. プリントは整理できているか

4. 文房具は整理できているか

5. 手の届く範囲に遊べるモノがないか

02

勉強場所を用意しよう！

みんなが勉強している場所で勉強するのが一番効率がいい！

次は勉強場所についてです。
みなさんはふだん、どこで勉強していますか？
おそらく、多くの人が家の中、特に自室で勉強しているのではないでしょうか？
でも、実は勉強って、**自分の部屋でやらないほうがいい**のです。

「え!?　なんで!?」
「自分の部屋以外にどこで勉強するのさ！」

と思う人もいるかもしれません。みなさんが納得できるように理由をお話しするので、ちょっとだけおつき合いください。

○ 東大生は外で勉強する

東大生は、受験期であっても、自室にこもって勉強していた人は少数派です。

じゃあどこで勉強していたのか？　塾の自習室や、家の近くの図書館など、**「外で」勉強していた人が多数派**です。

東大生の中には、「自習室で勉強するためだけに塾に行った」という人も少なくありません。

塾の先生に何かを習いたいわけじゃなく、**「自習するスペースがあったほうが勉強がはかどるから」**という理由だけで塾に行く選択をしていた人も多いのです。

もっと言えば、外で勉強するから**家の中ではまったく勉強しない**、という人も少なくありません。

こんなエピソードがあります。

ある親御さんが、わが子が家で勉強していないので、「うちの子は勉強している姿を見たことがないけれど、受験は大丈夫なんだろうか？」と思い悩んでいました。

親御さんの心配をよそに、半年後、見事に東大合格。

塾の先生から「〇〇くん、すごく勉強していましたね！　私は、彼が勉強している以外の姿を見たことがありませんでしたよ！　それぐらい勉強していました！」と言われたのだとか。

東大生は**「外で」勉強する習性**があります。それはなぜか？　答えはとても単純です！　そのほうが勉強がはかどるからです。
では、なぜ外だとはかどるのか？　続けてお話しします。

考えなくても体が動く理由は？

ここで唐突なのですが、一つみなさんに質問です。

毎日お風呂に入るのって、結構、重労働じゃありませんか？　もちろん、お湯につかるのが気持ちいいから大好きっていう人もいるでしょう。

実は僕は、「お風呂に入るのって大変」って思っています（もちろん、そう思いつつ、ちゃんと毎日入っていますよ！）。

お風呂の一般的な「工程」はこんな感じでしょうか？

毎日15分程度、お風呂を掃除してお風呂に湯を張って、衣服を脱いでシャンプーを使って……。

このように、お風呂から出るまでには、いろんな「行動」をする必要があります。

しかし、それにもかかわらず、お風呂場に行って「さあまずは何をしようか？」といちいち考えて体を洗っている人はいないのではないでしょうか？

お風呂で「次に何をするか？」なんて、ほとんどの人は意識しません。**考えなくても体が勝手に動いている**ことでしょう。

なぜ勝手に、もしくは、自然にできるのでしょうか？　それは「**何度も同じ動作をしていて、自分の体に染みついているから**」です。

お風呂での動作は、何度も何度も繰り返しているので習慣化されています。そのため、ほとんど無意識的に体が動くのです。

○ お風呂と同じく習慣化が大切！

なぜ、お風呂の話をしたのか？　勘のいい人なら気づいたかもしれません。実は、勉強も同じだからです。習慣化されていれば行動に移すことができるのです。しかし逆に、習慣化されていなければ行動できません。

みなさんが家だと「なんかやる気出ないなぁ」と思ってしまうのには、きちんと理由があります。

その理由とは、**「家だと勉強の習慣がついていないことが多いから」**、です。

たとえば、学校に行ったら、まあ普通に授業くらいは受けようかな、という気になりますよね？　多少「めんどくさいなあ」と思っても、たいていの人がちょっとやる気になれると思います。

実際行ってみると、自分以外の人間も勉強しているということもあり、自分もやる。学校、つまり**外で勉強することは「習慣化」されている**わけです。だから、無意識的に勉強できてしまうのです。

しかし、家って勉強や仕事のルーティンができていない場合が多いです。**家は「休む場所」というイメージが固定化されてしまっている**ことが多く、「勉強しよ！」よりも「遊ぼ！」となってしまうのです。

だからみなさん、**外に出て勉強しましょう。**

勉強スペースって、いろんなところがあります。塾や学校に自習室はありますか？家の近くに図書館はありませんか？

ちょっとお小遣いがかかってしまいますが、近くに自習してもいいカフェやファストフード店はありませんか（勉強不可のお店もあるので、事前に確認しましょう）？　市民が使える共用スペースはありませんか？　意外といろんなところに勉強スペースがあります。

まずは、「ここで勉強しよう」と思える場所を見つけましょう！　そして、そこで勉強することをルーティンにしてみましょう！　成績アップにつながる勉強ができますよ。

勉強に向いている場所かも？

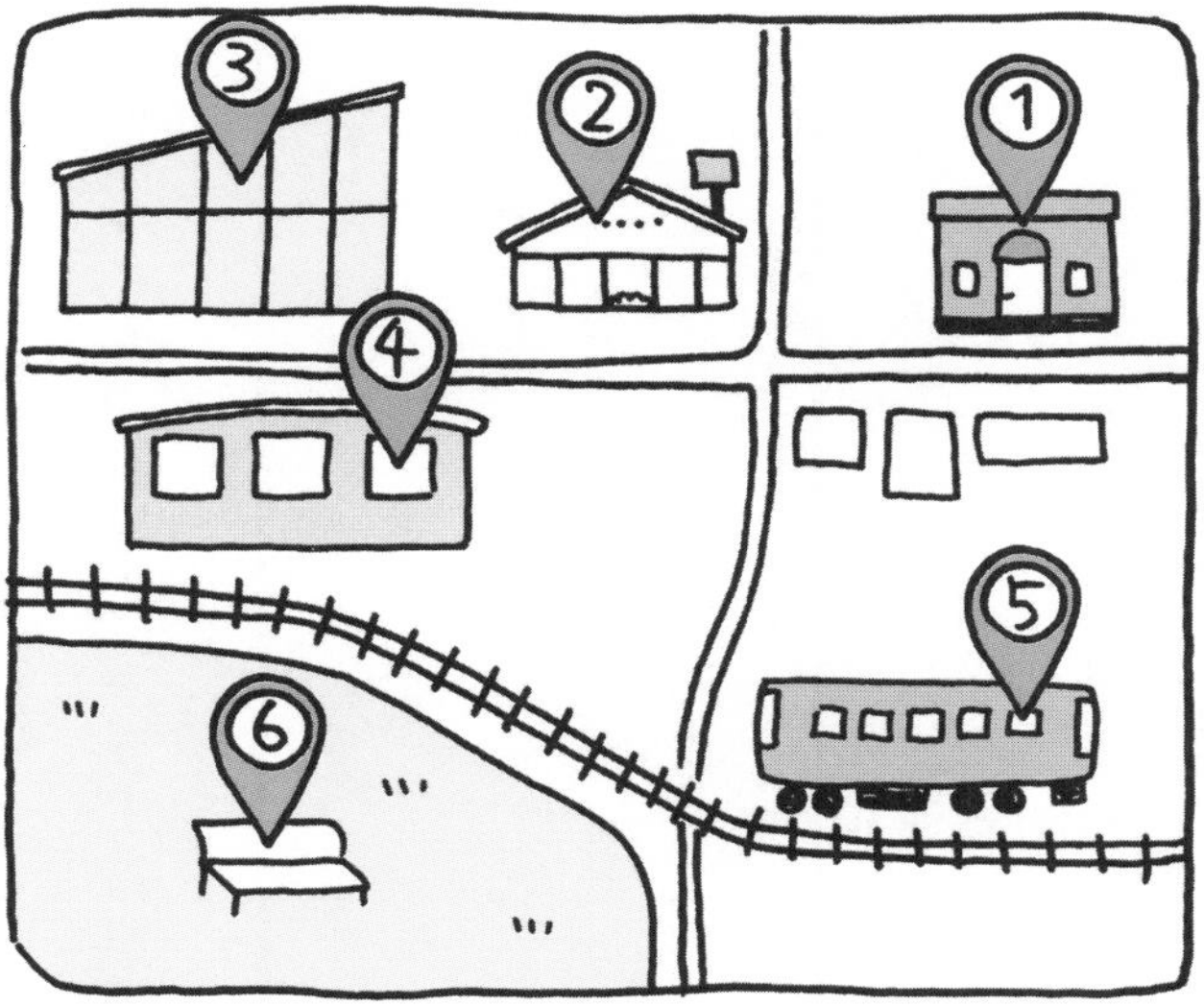

① カフェ
② ファストフード店
③ 図書館や市民が使える共用スペース
④ 自習室
⑤ 電車の中
⑥ 公園のベンチ

03

アラームを設定しよう！

学校のチャイムのように、アラームを鳴らそう

次のテクニックは、「アラームを鳴らす」です。

みなさんの学校では、授業開始時にチャイムが鳴りますか？

多くの学校で、「今から授業だよ！」「これで授業は終わりだよ！」「昼休みだよ！」ということを教えてくれる「音」が鳴ると思います。

あれと同じで、**決まった時間から勉強を始められるように**、アラームが鳴るように設定をするというお話です。

そして、毎日、そのアラームを合図に行動できるようにするのです。

○ 習慣化すればラクになる

基本的に人間は怠惰《たいだ》な生き物だと、僕は思います。

もちろん、東大生だって例外ではありません。基本、**やる気なんてないし、何もやりたくない状態なのが普通の状態**です。勉強なんてしたくないし、サボりたいし、極力がんばりたくない。

だから、みなさんだってそうなんじゃないかな？　と思います。

なるべくラクしたい！　と思うのは普通だし、みんなそんなものだと思います。

でもその中で、どうすれば怠惰にならずに、サボらない人間になれるのか？　それは、先ほどもお話しした通り、**習慣化してしまうというのが一番の解決策**です。

習慣にしてしまえば苦ではなくなります。もっと言うと、ラクになります。体が勝手に動いてくれるわけですから。だから、「毎日こうする」というのを決めておくんです。

そこで！

この体が勝手に動くための習慣化で、効果的な方法をご紹介したいと思います。それは、アラームを設定することです。続けてお話ししますね。

○最初の1週間が大事

僕の家は19時から夕食で、そのあとは自由行動でした。

だから、「夕食を食べて20時からは、絶対に勉強する」というルールを課していました。「やりたくないことをこの時間にはやる！」みたいな**「取り決め」をして、その通りに行動するように習慣化**をしていたわけです。

そこで登場するのがアラームです！

20時になったら、アラームが鳴るように設定しておきます。**アラームが鳴ることで「さあ勉強だ！」という気分に無理やりする**のです。

それで、とにかく20時になったらやる気がなくても、とりあえずは机の前に座る。

最初のうちはつらかったのですが、決めてその通りに行動するうちに、不思議なことに1週間で慣れました。

慣れるまでの1週間は大変でしたが、親にも「20時から勉強するから！」と言っておくんです。すると、リビングでゲームしていたら「あんた、19時55分よ～」と言ってもらえる。そうすると1週間、なんとか続けられて、そこからは**うまく習慣にできるようになった**のです。

○ 自分をコントロールできるようになる

アラームを設定して、その通りに行動するようにする。これを応用すると、「やりたくない勉強」でもできるようになります。

僕は英語のリスニングが大の苦手で、正直すごくやりたくなかった……。

しかし、「夜22時からは、苦手なリスニングの勉強をする」と決めていました。そうすると、**時間で決まっているから「やるしかないな」という気分になれる**のです。

このように、アラームで時間のメリハリをつけるようにするのはとても有効だと言えます。

ぜひ試してみてください！

ルーティンの例

- 20時からは必ず机に向かう!
- 23時からはリスニング!
- 24時には寝る!
- 6時半に起きて、30分勉強!

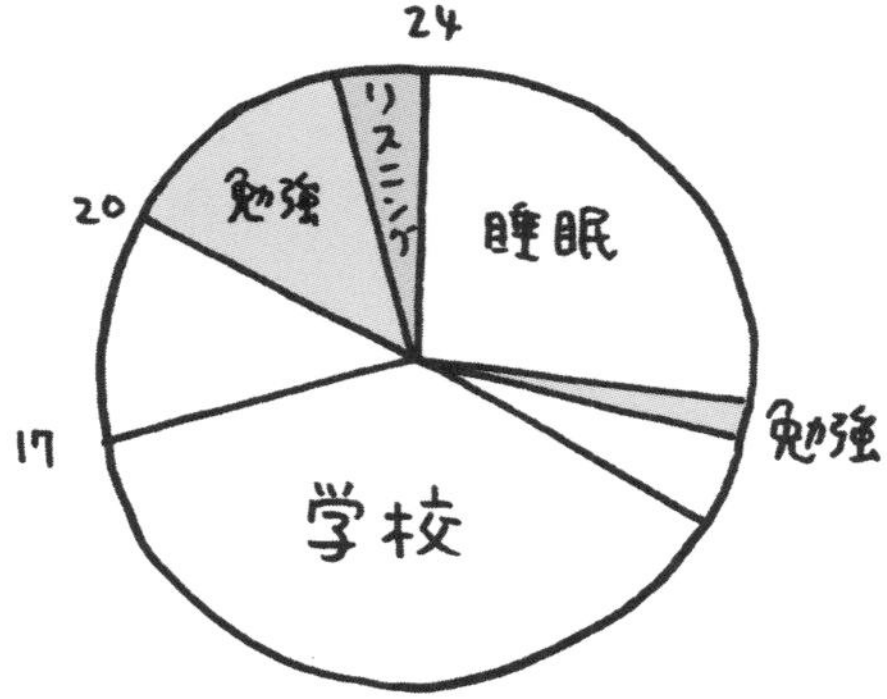

04
目標設定をしよう！
数字で目標を設定すると努力が継続できる

これまではすべて、勉強の環境を整えることに関係するお話でしたが、ここからは、「勉強計画作り」について、みなさんにお伝えします。

まずは、どんな勉強にも大切になる、「目標を立てる」ことについてお話しさせてください。

○やろう！　と思うだけじゃダメ？

やる気が出ないと思ったら、これから自分がどういう勉強をするのか、細かく目標設定をしてみます。

たとえばみなさんは、どっちの子のほうが集中して勉強できると思いますか？

○ Aくん「今日は数学をやろう」
○ Bくん「今日中にこの問題集の10ページから30ページを終わらせよう」

答えはBくんです。しかも、圧倒的にBくんです。

Bくんは、集中して勉強できるでしょう。なぜなら、**目標が具体的**だからです。

Aくんは、「数学をやろう！」と思っています。やろうと思うことは大切です。しかし、まったく具体的ではありません。「やろう！」とだけ考えているうちは、やる気が出ませんし、先に進むことは難しいでしょう。

理由は簡単です。やることが具体的でないので、どうすれば目標を達成できるのか？　何をすれば終わりなのか？　**自分でもよくわからない**からです。

○「できたか？」「できなかったか？」を明確にする

Aくん、それでもなんとかがんばって1時間勉強しました。1ページ進みました！

Aくん「今日はちゃんと数学やったな。僕、エラい！」

1ページがんばりました。

1ページ……そうか、1ページか……。確かに進んだけれど、明日も明後日も、果たしてこの進め方でいいのでしょうか？

それに対してBくんです。目標が超具体的です。

10〜30ページをやろうと、きちんと数字でやるべきことを考えていますね。

問題集20ページって、結構あります。もちろん、ぜんぶできればすごいですし、できるに越したことはありません。

しかし、物事は順調に進むことばかりではありません。ぜんぶできないこともあるでしょう。もしかしたら、Aくんのように1ページしか進まないかもしれません。

では、一生懸命がんばっても、結局1ページしか進まなかったとしたら。目標を具体的にしても同じ結果なら、目標立てても立てなくても同じじゃん！ってことになりますか？

いいえ違うんです。ここが大切なポイントです。

1ページしか進まなかったBくんは、こう思うはずです。

Bくん「20ページ進めようと思っていたのに、1ページしか進まなかった……」

先ほどのAくんの自己評価と比べてみてください。

Bくんは、「できなかった」と感じています。

そして、達成すればきちんと「やり遂げた」と思うはずです。

つまり、Bくんの勉強のしかたは、**立てた目標に対して、「できた」か「できなかった」かが、しっかりと明確になる**のです。

できなかったときは、「ちゃんとやらなきゃ！」という感覚が生まれるのです。

逆にちゃんとできたら「できた！」という達成感を感じることができます。

同じ1ページでも、AくんとBくんの気持ちはまったく別の方向に進むわけです。

○ ネタバレ：Aくんは僕です！

正直に言います。Aくんとは僕のことです。

正確に言うと、かつての僕です。


Aくんのパターンで勉強していた僕は、成績が一向に上がりませんでした。

ちゃんと毎日家で机に向かって「数学を勉強しよう」としていました。

しかし、途中でボーっとしてしまう。ぜんぜん進んでいないのに「なんとなくやった気がする」。勉強を途中でやめてしまう……。このように、集中力がまったく長続きしませんでした。


理由はハッキリしています。**目標や自分のやっていることがぼやけていた**からです。

自分がどこに向かっているのかわからないうちは、集中できないのです。

ゴールが見えないと、モチベーションは上がらないのです。

○ あと3回ならがんばれる!

腕立て伏せをしているとしましょう。

「もうムリだ！　これ以上できない！」となったとします。でもそのとき、こんな風にアドバイスされたら、やる気になるのではないですか？

「あと3回やれば、100回やったことになるよ」

「え？　マジで!?　3回ならやれる！」

このように、あと3回だけならがんばってみよう！　という気になりますよね。

人間は、数字で明確な目標があって、あとどれくらいでゴールなのかが見えればモチベーションが上がります。

今、自分のやっている勉強が登山だとしたら、今は何合目のあたりにいて、あとどれくらいがんばればゴールなのか？　わからないままの状態でがんばれる人は、なかなか少ないものです。つまり、**「どこまでやったのか」を意識する**ことが大事なのです。

だからこそオススメするのが、「数字で目標を作って、それを管理する」という勉強法なのです。

数字で具体的な目標を持つことによって、**自分がどれくらいまで終わっているのかを管理する**のです。

○目標は超具体的に！

まずは「数字で」目標を整理してみましょう。

とにかく、とりあえずでもいいので、立てる目標に数字を入れてください。

- ○その勉強にかかる時間
- ○勉強に使う本や問題集のページ数
- ○覚えなくてはいけない単語の数
- ○終わらせる宿題の量

これらの中から、なんでもいいので一つ、**「これ」という目標を数字で決める**のです。

最初は当てずっぽうの数字でも構いません。「とりあえず10ページ」とか、そんな感じでスタートして問題ありません。

なんでもいいので、「〇ページ終わらせるぞ！」と明確にするわけです。

目標がたくさんあって、その数字もそれぞれ違ったりすると、自分の中で整理できなくなるおそれがあります。ですので、まずは**一つの目標からスタート**しましょう。

まずは目標を明確にすること。

そして数字を入れることで、振り返りをしやすいようにすること。

これはとても重要です。ぜひやってみてください！

数値目標の例

- 参考書のページ数
- 勉強する時間
- 問題を解く数
- 覚える単語の数
- 小テストの点数

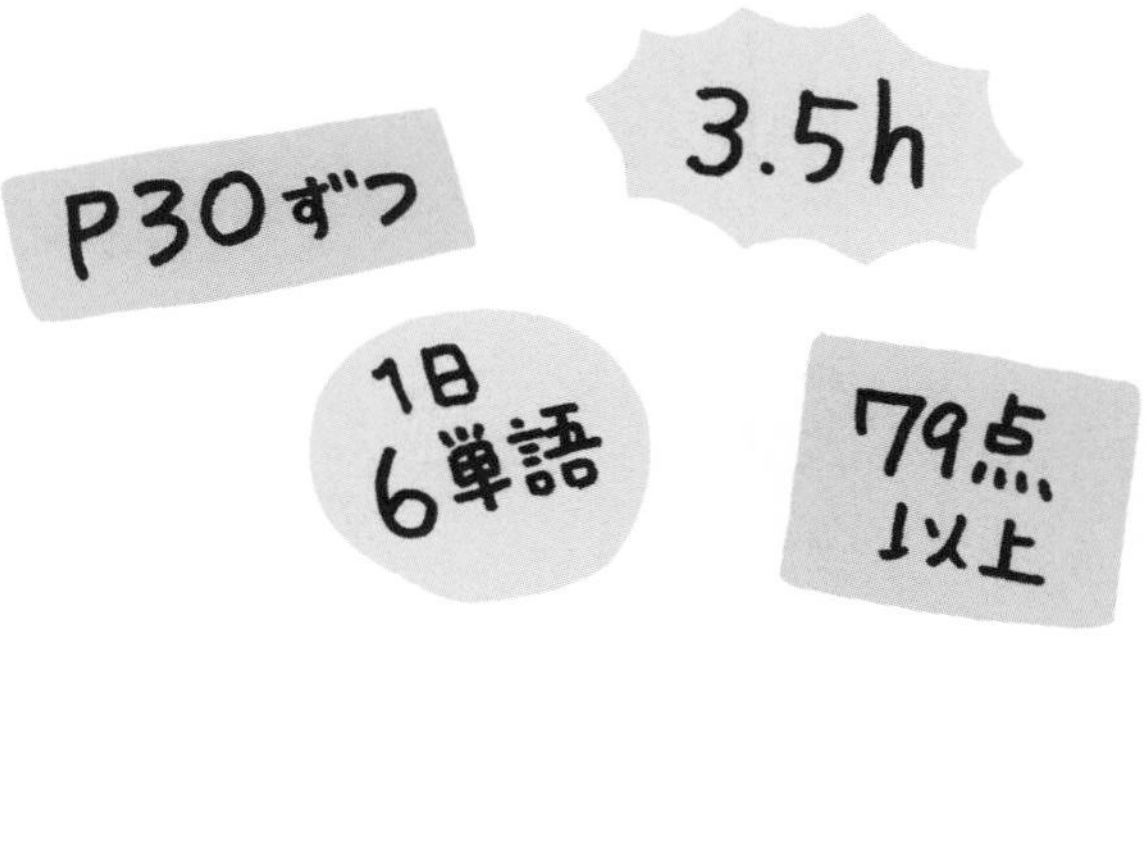

05 目的設定をしよう！

ゴールの設定が大切！「なんのための勉強か？」を考えよう！

次のお話は、「目的を設定する」です。

「え!?　さっきと同じじゃない!?」

いえ違います！　よく見てください。超大事なポイントです。さっきの「目標設定をしよう！」は、「目標」であり、**これからお話しするのは「目的」**です。

○ 目的は「goal」、目標は「target」

「え？　目標も目的も同じじゃないの？」と思うかもしれませんが、実はぜんぜん違います。

みなさん、目的と目標の違い、どんなものだと思いますか？

英語で言うとわかりやすいかもしれません。目的を英語に訳すと「goal」、または「purpose」です。「こんなことがしたい」という**最終的なゴールが目的**なのです。「お金持ちになる」とか「英単語を覚える」とかがあてはまりますね。

目標は、英語に訳すと「target」です。

目的にたどり着くために立てる中間の指標や、目的にたどり着くための行動・数字を意味します。「投資の知識を得るために、10冊本を読む」とか「この本を30ページ読む」という感じで、数字での指標が目標になります。

先ほどの「目標設定をしよう！」はこっちですね。

そして、目的と目標はしばしば混同されます。

「数学の問題集を30ページ進める」「宿題を終わらせる」というのは、目標であって目的ではありませんよね。

「数学の、2次方程式ができるようになる」という目的のための一つのステップが「数学の問題集を30ページ進める」という目標だったわけです。

○地獄の苦行

目標だけを決めてしまうと、実はあんまりよくありません。
というのは、本当に「終わらせる」のだけが目的になってしまうからです。「宿題を終わらせる」「この問題集を終わらせる」、そんな目的の勉強なんて、やっぱりやる気がぜんぜん出ないんですよね。

さて突然ですが、人間が一番「つらい」と思う瞬間は何をやっているときか、何を感じているときか、みなさんは知っていますか？
どういうときが、「人間が精神的に一番追い詰められるタイミング」なのでしょうか？

それは、「ムダなことをしているとき」です。

他のどの拷問よりも、人間が一番つらいと感じるのは、**「穴を掘れ」と言われて自分で掘った穴を「埋めろ」と言われて埋めて、また「穴を掘れ」と言われて、ということを繰り返す拷問**です。これは「賽《さい》の河原《かわら》」という地獄の苦行です。石を積んで、積んだと思ったら鬼が来てそれを壊してしまう。

壊されるのがわかっていながら、何度も何度も繰り返し、石を積んで塔にしないといけない。そんな、「意味がない」ことをやっていると思うとき、感じるとき、人間は最も精神的に追い詰められるのです。

ゴールはどこにある？

みなさんに知ってほしいのは、とにかく「目的」を作ることが重要だということです。その勉強をして、みなさんはどうなりたいのでしょうか？　どんな分野が、どうなることが目的なのでしょうか？

おおまかに分けると、勉強の目的は四つに分かれます。

○ 大ざっぱでいいから理解したい、というインプットの勉強
○ しっかりと納得して理解したい、というインプットの勉強
○ とりあえず訓練を積んで、慣れておきたい、というアウトプットの勉強
○ しっかりと訓練を積んで、テストで好成績を取りたい、というアウトプットの勉強

つまり、「大ざっぱ」なのか？「しっかりと」なのか？　また、「インプット」なのか？「アウトプット」なのか？　を定めることが重要なのです。

ここらへんがフワっとした状態で勉強しても意味がありません。

この四つのうちの**どれが目的なのか？　だけでもいいので、しっかりと目的を明確にしましょう。**

勉強の目的は四つ

ざっくり×わかる

予習 一回とりあえず頭に入れる

とりあえず概要だけでもいいから
頭に入れよう！早くできるように！

しっかり×わかる

復習 きちんと理解できるようになる

きちんと理解して説明できるくらいになろう！

ざっくり×できる

ざっくりとした問題演習、問題に慣れる

とにかく問題に慣れるようにしよう！
早くできるようにしよう！

しっかり×できる

しっかりとした問題演習、問題をしっかり解けるようになる

次に同じ問題が出ても、応用問題が出ても
解けるようにしよう！

06

TO DOリストを作ろう！

やるべきことをとにかくぜんぶ、付箋で貼ってみよう

最後にオススメなのは、「TO DOリスト」作りです。

人間、「やること」が明確でないとやる気が出ません。逆に、やることがわかれば動けます。

「明日までにこのページからこのページまでを終わらせる」とやることを明確にすると、「まあ、それくらいは終わらせるか」という気分になるものです。

しかし、逆に、「とりあえず数学でもやっておいたほうがいいかなあ」くらいだと、やる気なんて出るわけがないのです。

だからオススメなのが、**やることをきっちり洗い出す**ことなんです。

○ 箇条書きでまとめてみよう

僕はみなさんと同じような生徒さんに、よくこんなことを聞きます。**「次のテストまでに、みなさんは何を終わらせる？」**と。

みなさんの多くは、「ある程度、終わらせておきたい勉強」があるはずです。「あのテスト範囲の中で、この勉強はやっておかなきゃ」とか、「1学期の復習が終わってなかったな」とか。

それを終わらせないとテストで点が取れない、というやるべきことがある程度存在しているはずです。

まず必要なのは、それをきちんとリストにするということです。

「ＴＯ ＤＯリスト」、つまり、**「自分がやるべきこと」をリスト化する**のです。とにかく一度、やることをぜんぶ、数学とか英語とか関係なく箇条書きにしてまとめてみましょう。

○目標は具体化しよう

「なんとなく数学をがんばりたい」とか、「英語の復習をちょっとやっておきたい」とか、そういうぼんやりした目標ではいけないことは先ほどお話ししました。これを、長いスパンの目標に変えましょう。

ぼんやりした状態では、やるべきこともあやふやなままです。なので、**1週間単位・1ヶ月単位の目標**を紙にして書きます。

ここで大切なのは、終わらせるべき課題がなんなのかを具体的にすることです。

○「数学をがんばる」⇩**「この問題集を70ページ終わらせる」**

○「英語を復習する」⇩**「英語の1学期のまとめノートを作りなおす」**

このように、TODOを細分化して、終わらせたいものを明確にするのです。

実は東大生の多くは、受験までのスパンで、この「自分が受験までにやっておかなければならないTO DOリスト」を作っていました。

この場合のTO DOリストは、言い換えれば「**これをやれば受かるリスト**」でもあります。

そして、このリストからブレないように、毎日それを終わらせるための勉強を組み立てる。そうすることで、しっかりゴールを見据えて勉強できるというわけです。

○付箋でタスク管理

さらに僕がオススメするのは、以下の方法です。

○目標を付箋に書く

⇦

○その付箋を一枚の紙にぜんぶ貼る

⇦

○終わったら付箋をはがす

この方法で大切なポイントは、付箋の枚数を数えておいて、**毎日何枚の付箋を終わらせればいいのかを把握する**ことです。

自分の気分に合わせて、どの付箋のタスクを終わらせればいいのかを考えるのです。

確実に実行するために、さらに以下の手順で進めましょう。

毎朝、勉強する前にＴＯＤＯリストを作ります。こんな感じです。

○何を達成すれば目標がクリアできるのかという数値目標を決める

⇩

○その目的を書く

⇩

○クリアするために必要な所要時間を書く

以下は、この手順通りに作ったリストの例です。

比較級の英文法の問題に慣れるために、この問題集の10〜30ページを終わらせる（30分）

このように、自分の目標・目的・目安の勉強時間を書き上げて、「これが終われば今日の勉強は終わり」とするのです。

そして、それを好きなものから順に一つひとつ達成していけばクリア、と整理していきます。

ちなみに僕は、このＴＯ ＤＯリストの項目を一つひとつ付箋に書くようにしています。

3枚の紙を用意して、それぞれ、以下のように三つに分けます。

- To Do（やることリスト）
- Doing（やっていることリスト）
- Done（やったことリスト）

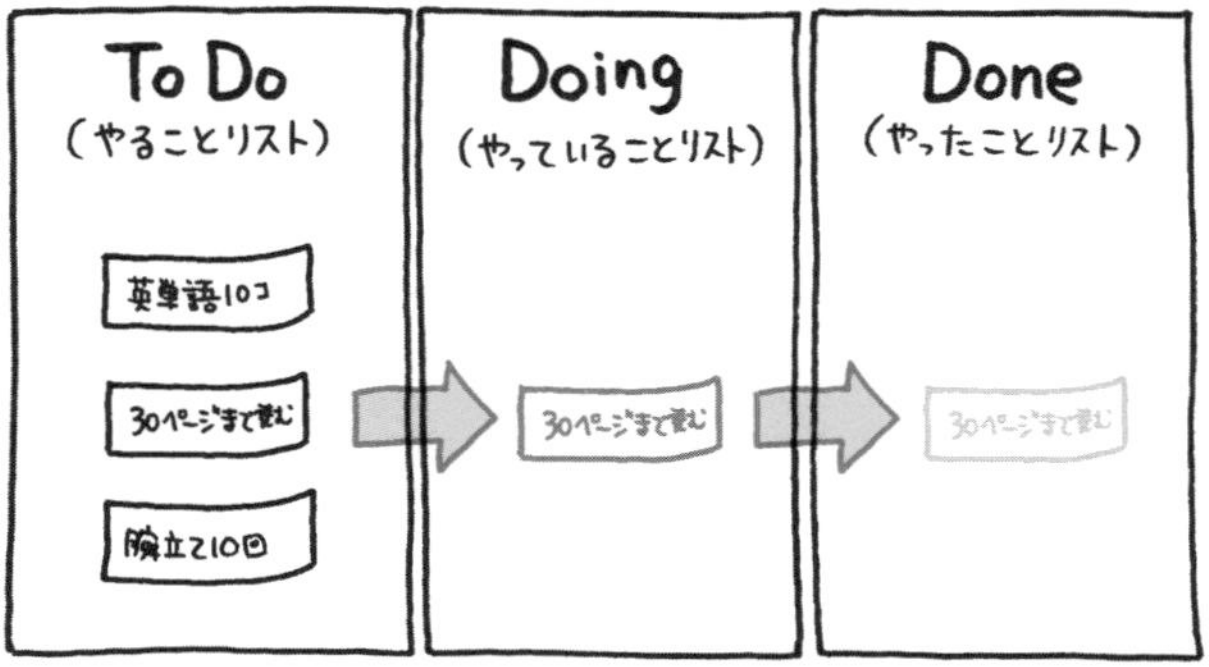

はじめに、やることをTo Doの紙に貼り、やり始めたらDoingの紙に移動、終わったらDoneに移動、と進捗《しんちょく》管理しています。

上の図のようなイメージですね。

左から右にやることを移動させていきます。

このように、やることが明確になれば、やる気が出てくること間違いなしです！

ぜひやってみてください！

07 二重目標を立てよう！

目標は高すぎてもダメ。低すぎてもダメ。真ん中がちょうどいい

ここまで、計画はどのように立てればいいのかについてお話ししてきました。

しかし、ハシゴを外すようで申し訳ないのですが、計画は立てた。でも、その計画通りに達成できないことってありますよね。

「30ページを終わらせるのが目標だったのに、15ページしか終わらなかった！」

なんてことは、結構ざらにある話だと思います。

目標が高くて、うまく達成できない。

そうなると、**たった一つのことがうまくいかなかっただけなのに、なんだかすべて**

がイヤになってしまう……。

「あー、午前中から勉強する予定だったけれど、今起きたら昼じゃん、今日はもういいや～」みたいな。

「ぜんぜんできない！」ことが発生したら、そのあとの「やること」自体をやめてしまうわけです。

一つでもスケジュール通り進まないと、あとはどうでもよくなってしまう。

みなさんもそういう経験、ありませんか？

○ めざすは「最低」と「最高」の中間！

僕は、三日坊主になる人の原因はここにあると思っています。

たとえば、「毎日腹筋１００回！」という目標を立てます。

はじめの2日間は達成できたのに、3日目には達成できそうにない……ってなったときに、「90回まではやろう」とはなりません。なぜか「まったくやらない」という選択を取ってしまいがちです。

この悩みは、基本的に、目標が高すぎるから発生してしまうものです。

でも、だからと言って、簡単な目標にしすぎてしまうと、自分が本当にできる範囲を狭《せば》めてしまうことになってしまいます。

人間、「15ページでいいや」といったら15ページしかできないものです。だから目標は高く持ちたい。けれど、失敗してしまうと気分が落ち込んで、目標通りにはできない……そういうことって多いと思います。

そんなときにこそオススメなのが、二重目標です。

最低限達成したいラインを「最低目標」とします。

最高で達成したいラインを「最高目標」とします。

この**「最低目標」と「最高目標」の中間を達成すればいい**、という考え方です。

この方法、実は多くの東大生が使っています。目標を決めるとき、目標は一つではなく、あえて二つ作っておくわけです。

○ 確実に達成感を感じる方法

最低目標と最高目標を設定しているので、その「中間」であれば、目標がある程度達成されたことになります。

これなら、高すぎる目標も低すぎる目標も作ることがありません。

「最低限これだけはやっておかなければいけないライン」を考えておくと、それが達成できた時点で、ある程度はクリアしたことになります。

そのラインを作っておけば、すべてがイヤになることはなくなります。

「最低でも30回は腹筋をしよう」と、**最低ラインが決まっている状態なら、「まったくやらない」ということが発生しなくなる**のです。

ただし、注意が必要なことがあります。

最低目標は、本当にきちんと達成可能なものにしましょう。

「最低限」のラインが達成できないと、「ダメだった、もういいや」に逆戻りしてしまいます。

ですから、その最低限のラインは達成可能な超現実的な目標にしましょう。最低限の達成ラインをクリアしたら、次の目標にアプローチしましょう。

最低限のラインだったとしても、クリアすれば達成感があります。達成感を感じることができたら、また次もやりたくなります。

このように達成感を繰り返すことで、だんだんとできたことが増えていくわけです。ちりも積もれば山となります！

ぜひ、みなさん！　やってみてください！

最低目標を設定する

第3章

STEP2

「勉強中」のジャマを取り除く

一度出たやる気を持続させる方法

01

スマホを遠くに置こう

振動を感じないほど遠くに！

突然ですが、みなさんは「幻想振動症候群（ファントム・バイブレーション・シンドローム）」という現象を知っていますか？　なんだかかっこいい名前ですが、みなさんも一度は体験したことのある現象です。

たとえば、スマホをポケットに入れて歩いているときに、スマホが振動した気がする、という経験をしたことはないでしょうか？　ポイントは「気がする」です。「LINEか何かの通知が来たのかな？」と思い、スマホを確認したら、実はなんの通知も来ていなかった……なんて経験、ありませんか？

このように、**「振動していないのに振動した気がすること」**、また、**「何も来ていないのに、スマホから何か通知が来たように感じること」**を「ファントム・バイブレーション・シンドローム」と呼ぶのです。

かっこいい名前ですけれど、割と普通ですね。

スマホをポケットに入れると成績が落ちる？

なんで僕がこの話をしたか！　別にみなさんに知識をひけらかしたかったからではありませんよ。

実は最近の研究で、「スマホをポケットに入れたまま勉強すると、**スマホをいじっていなくても学習効果が低くなる**」ということが科学的に証明されてしまったのです。1分1秒たりともスマホをいじっていないにもかかわらず、スマホをポケットに入れている人とそうでない人で、成績に差が出てしまうのです。

「なんで⁉」と思うかもしれません。これこそがファントム・バイブレーション・シンドロームの恐ろしいところなのです！　学習効果が低くなる原因は、集中力の阻害です。

「**もしかしたら○○くんから連絡が来るかもしれない**」

なんの連絡も来なくても、いつか来るかも……！　という意識になります。結果、勉強の集中力を阻害してしまうのです。

○ スマホの存在を感じないほど遠くに

みなさん、勉強を集中して続けたいと思ったら、まずやるべきは「スマホを遠くに置くこと」です。

「遠く」というのはどれくらい遠くかというと、「**自分がスマホの振動を感じられないほど遠く**」ということです。

×　ポケット　机の上

○　かばんの中　遠くの机

などなど、一定の距離を置く必要があると言えるでしょう。そうすると、スマホに気を取られずに勉強することができます。

これと同じ理屈で、もしみなさんが勉強に集中したいと思うのであれば、まずは**机の上をきれい**にしましょう。

マンガとか、チラシとか、ゲームとか、そういったものが手の届く範囲にある状態で勉強してはいけません。手の届かないところに置いておき、気が散らないようにしましょう。

○ 遊んでしまうのは精神が弱いからじゃない！

机の上でなくても、できるだけ**遊び道具と勉強机との距離を遠ざけておく**ようにするのがオススメです。遊び道具があると遊んでしまうので、それを遠ざけて置いておくわけですね。

「精神が弱いから遊んでしまうんだ」と思う人もいるかもしれませんが、別に東大生とそうでない人の間で、精神の強さ・ガマン強さがめちゃくちゃ乖離《かいり》しているということはないでしょう。

物理的に勉強の妨げとなるものが近いから遊んでしまう。「精神が弱い」から遊んでしまうわけではないのです。

だからみなさん、まずは物理的な距離からです。そこから始めてみましょう。遠くに置くだけなら、今すぐにでもできます。

もしくは、もう部屋で勉強する必要もありません。

家から出て、**図書館とか自習室で勉強する**習慣を作りましょう。そうやって物理的にゲームやマンガなどから距離を取るようにすることで、勉強を続けやすくなります。

スマホを手放したくない！　と思いますか？　その気持ち、めちゃくちゃわかります。僕も仕事のメールやＬＩＮＥの連絡がたくさん来ます。もちろん、すぐに返信しようと思います。相手を待たせてはいけませんから。

しかし、きちんとした仕事をしたい、というときほど、僕はスマホを遠くに置きます。なぜなら、**集中してやった仕事ほど良い結果になるから**です。

勉強も同じです。集中して勉強してはじめて、良い結果につながるのです！

スマホは
遠くに置く！

02

まずは好きなものから始めよう！

ジャマな「ハードル」はとことん下げよう！

みなさんは、好きな科目、もしくは、好きな勉強はありますか？

「そんなものない！」という人もいるかもしれませんが、それでもちょっとガマンして、僕の話を聞いてください。

これからお話しすることのポイントは、「**ハードルを下げる**」です。ハードルを下げることで、続けることができるようになります。

○マンガ、小説、なんでもOK！

どんなに勉強アレルギーで「勉強なんて1ミリもしたくないし、文字を目に入れるだけで吐き気がする！」という人でも、何かしら、**ほんの少しでも興味の持てることはあるはず**です。

たとえば、歴史の資料集を見て「ふーん、フランシスコ＝ザビエルって変な顔だなあ」なんてぼんやり思うのすら「死ぬほどイヤだ！」という人はいないでしょう。

また、マンガで日本の歴史が読める本がありますが、「マンガなんて読みたくない！」という人は少ないですよね？


他の科目でも同じです。

漢字の勉強が嫌いな人でも、小説の文章を読むこと自体はそんなに嫌いじゃない、という人もいるはずです。

ちなみに僕は、古文は死ぬほど嫌いでしたが、源氏物語のマンガを読むのは好きでした。

英語は嫌いですが、英単語帳のイラストとかを眺めるのはそんなに嫌いではありませんでした。

● YouTubeでもまったく問題なし！

文字が嫌いなら絵を見ればいい。教科書が嫌いなら学習マンガを読めばいい。今の時代、YouTubeで面白く、テンポよく勉強を教えてくれるチャンネルもあります。

そう考えると、きっと何かしらの勉強は、みなさんにとって「興味が持てるもの」であるはずなのです。


これらは、少しであっても「興味がある」ので、「興味がない」ことをやることと比べたら、やってみよう、という気持ちが起きやすいでしょう。

また、「お勉強感」も比較的軽めなのではないでしょうか？


僕はこのようなちょっとした「興味があること」、ちょっとした勉強をたくさん作ります。その理由は、**息抜きになるから**です。

息抜きはめちゃくちゃ大事です。そして、この息抜きが勉強のハードルを下げるんです。勉強を続けるための超重要ポイントです。

○「疲れてきたらこの勉強をしよう！」を決めておく

「あー疲れた」と思ったときに、軽く息抜きがてら、ちょっとできる勉強をします。

もちろん、ちょっとできる勉強だけをずっと続けていても成績は上がりません。でも、息抜きとして軽くやる分には意味があります。

人間は何かの作業をする際に、「スタートするとき」のハードルが一番高いのです。たとえば2時間勉強しようと思ったときに、1時間勉強して、1時間休んで、もう1時間勉強しようと思っても、**「休んだあとの勉強」ってとてもハードルが高い**です。みなさんも経験があるんじゃないかと思います。「もう5分したら勉強しよう」なんて思って、5分が10分になって、10分が15分になって……と勉強が先送りになってしまいます。

そんなとき、ちょっとできる勉強の登場です！　高いハードルを見事に下げてくれます。「とりあえず、資料集をペラペラめくるところから始めるかな」とか考えて、簡単なもの、好きなものから始めてみる。すると、そのあとで「じゃあ次はこれをやろうかな」と**スムーズに本格的な勉強に移っていきやすい**です。

○秘儀！「息抜き勉強」

勉強の合間に休憩を取るのではなく、「息抜き勉強」でしのぐというのも一つのテクニックです。

やっぱり休んでしまうと、もう一度始めるのが大変です。気持ちが弱いとか、やる気がないとかそういう問題ではなく、誰もがそうなのです。

ですから、休みは休みでも、**「息抜き勉強」で休むようにすればいい**のです。

息抜き勉強は、いろんなものがあります。

- ○資料集をペラペラめくる
- ○先に進めるのをやめて、今まで書いた自分のノートを見直してみる
- ○今日の授業の復習をしてみる
- ○純粋に、好きな科目の勉強をする

などなど。

たとえば数学が好きなら「疲れたら数学をやろう」と決めておくわけですね。

他にも、趣味と絡めた勉強もあります。英語で映画を観てみたり、英語字幕と日本語を見比べてみるというのもいいでしょう。

僕は英語の歌詞を日本語に訳したり、日本語版の歌詞と英語版の歌詞のある音楽を見比べてみたりしていました（椎名林檎さんがそういう曲を出しています）。

あとは、友達とおしゃべりしながら勉強するのもありですね。もっとも、勉強友達がいなかった僕みたいな人間にはできませんでしたが……泣。

とにかく、いろんな「息抜き勉強」、つまり、**ちょっとした勉強を作っておく**と、最初のハードルを下げることができて、勉強が続けられるようになります。

ぜひ、試してみてください！

息抜きにおすすめのマンガ

生物　『はたらく細胞』
（講談社）

日本史　『マンガの日本の歴史』
→ 小学館、講談社などから出版されています

政治経済『角栄に花束を』
（秋田書店）

化学　『Dr.STONE』
（集英社）

03

「ながら勉強」と「ながら作業」をしよう

BGMで勉強効率がアップする

「息抜き勉強」の続きです。

一つみなさんに紹介したい「息抜き勉強」があります。それは「ながら勉強」です。

これは、**「ちょっと疲れたから、アニメを観ながら・ラジオを聴きながら勉強しよう」**というものです。

もちろん、アニメを観ながら本格的な問題を解いたりすることはできません。どちらかというとそういう頭を使うものではなく、ノートを書いたり数学の簡単な問題を解いたりします。

「ながら勉強」って、先生からもやめなさいって言われたことがあるし、あまり良いイメージがない……って思った人！　実はそうじゃない、むしろ、勉強の効率がアップする！　ということがわかってきたんです。

○ BGMをかけて効率アップ！

ここで一つ、脳科学的な話をします。

みなさんは、音楽を聴きながら勉強できるタイプの人ですか？

昔から、「勉強中に音楽を流すのはいいことか？　それとも勉強をジャマする悪いことか？」という論争がありました。

実は、この論争にはもう科学的な決着がついています。

○ 歌詞のある音楽は勉強を阻害《そがい》する
○ 歌詞のない音楽や歌詞の意味がわからない母国語以外の言語なら勉強を阻害しない

これが結論です。つまり、歌手が歌っている曲を聴きながら勉強してもあまり効果がないけれど、**BGMのような音楽であれば意味がある**ということですね。

だから、勉強するときにかける、歌詞のない音楽を探しておきましょう。

YouTube には勉強に向いている音楽とか、歌詞のないオルゴール音楽など、いろんなものがあります。それらの力を借りてみるのです。

たとえば数学の問題を解くときとかになんらかの音楽をBGMとして流しておくと、爽快感が生まれて、ちょっとしたスピードがついた勉強ができるようになります。

こんな風に、歌詞のない音楽はかなり勉強と相性が良いのです。

○「作業勉強」は歌詞つきでも問題なし！

歌詞のある音楽が悪いわけでもありません。

アニメやラジオ・歌詞のある音楽などの、「若干勉強を阻害するもの」も、「作業勉強」となら相性良しです。「作業勉強」ってなんでしょうか？

たとえば、テストのためのまとめノートを作る、覚えておかなければならないことのリストを作る、数学の簡単な計算問題を解く、大事なところにマーカーを引く、などが「作業勉強」です。**あまりガッツリ頭を使わなくてもできる作業**ですね。

この「作業勉強」は「ながら勉強」と組み合わせるのがとてもオススメです。「ながら作業」です！　しかも、歌詞のないBGMではなく、歌詞つきの音楽と組み合わせても、まったく問題なしです。**ノート作り、リスト作りをしながら、アニメを観たり音楽を聴いたりする**わけです。そのノートはあとから復習することは前提で、とりあえず作業として必要なものをアニメやラジオを聴きながらやるのです。

または、簡単なテストをしながらアニメや音楽を聴くのもいいでしょう。英単語のアプリで「4択のうちどれが答え？」というような問題を解きながらアニメを観るわけです。

このような「ながら勉強」「ながら作業」は、「息抜き勉強」として効果抜群です。勉強で疲れてしまっても、息抜きでリフレッシュできます。

ちなみに、東大生の中には、落語を聴きながら勉強していたという人もいました。または、耳で日本史の授業動画を聴きながら数学の問題を解いていた、という人もいました。結構びっくりですね。

でも、それで息抜きができて勉強が続くなら、まったくもって問題なし。むしろ、やってみる価値ありだと思うので、ぜひみなさんも、自分に合った「ながら勉強」「ながら作業」を探してみてください。

音楽を聴いていい？ 悪い？

GOOD

意味がわからない音楽
歌詞のない音楽
作業勉強をするとき

BAD

日本語の歌詞がある音楽
落語や意味を理解する系の音声
本格的な勉強をするとき

04

ベッドの中でできる勉強をしよう

寝ながらできる勉強はこの三つ！

いきなり、テーマと反対のことを言います。

僕は「ベッドの中で勉強する」ことはオススメしません。

「え!?　じゃあなんで『ベッドの中でできる勉強をしよう』なんて言ったの!?」

はい、すみません。おっしゃる通りです。

理由をお話ししますので、少しだけおつき合いください。

○どうしても机に向かえないとき

まず、すごく基本的で大切なことをお伝えします。

勉強は、**いい姿勢でやるほうが成績が上がりやすい**です。

座り方やペンの持ち方・身体的な「姿勢」がいいほうが、勉強も仕事も効率が上がります。姿勢を重視せずに勉強をすると、ミスをしやすくなったり、サボってしまったり、物事をうまく遂行することができなくなってしまいます。

基本的には、姿勢をただして、机の前で勉強するのが一番です。

しかし、そうはいっても、やる気が出ない日もあるでしょう。机の前にどうしても座れない、ということもあると思います。

そういうときはどうすればいいのか？　気合でなんとかするのか？　机の前に自分の体を固定するのか？　そんなことはできないですよね。

誰でも、どうしてもムリ！　というときがあると思います。

もちろん、僕もそうです。じゃあ、そういうときは勉強しないで何もしない……だと、いつまでたっても成績は上がらないでしょう。

大切なのは、どうしても机に向かえないときにどうするか？

そういうときの勉強法をお伝えします。

○ベッドの中でできること三選

ここで登場するのが、「ベッドの中でできる勉強」なのです。どうしても机に向かいたくないときのための勉強を用意しておくのです。

ベッドの中でも、いろんなことができます。

たとえば、こんなことです。

勉強の動画を観る

YouTubeでもスタディサプリのようなオンライン授業動画でもなんでもいいです。寝そべった状態で、勉強になる動画を観ましょう。

参考書や本を読む

電子書籍でも紙の本でもいいです。また、ノートなどでもいいので、とにかく目で文章を追ってみましょう。

頭の中で復習する

頭の中で、今日勉強したことを思い浮かべてみます。きちんと覚えられているかどうか、暗唱できるかどうかなどをテストしてみましょう。

やる気が上がらないときに、「じゃあ今日は勉強しないでいいや」となってしまうのはもったいないです。

「やる気はぜんぜん出ないけれど、これだけはやっておくか」と思うこと、そして、実際にベッドの中で「勉強をする」ことが必要なのです。

○ 続けた人が最後に勝つ

勉強で大切なのは継続することです。

次のページの２パターンだったら、どっちの勉強のしかたがベターだと思いますか？

いずれも、1週間の過ごし方です。

A　勉強「0」が2日間　＋　勉強「100」が5日間

B　勉強「30」の日が7日間

答えはBです。

Bのほうが圧倒的に成績は上がります。「継続は力なり」ということわざを聞いたことありますか？　これは本当です。**とにかく継続した人が勝つ**のです。

○センター試験の過去問をベッドの中で解いてみた

ピアノの話です。

ピアノを弾く人、もしくは習っていた人は、次の言葉を聞いたことがあるでしょう。

「**ピアノは、1日練習をサボると、取り戻すのに3日かかる**」

1日ピアノに触らない日があると、元の感覚を取り戻すのに3日の練習が必要、という意味です。もちろん、実は違う、みたいなことを言う人もいますし、科学的に正しいかどうかもわかりません。

しかし、ピアノを弾く人が感覚として大切にしているのは、毎日少しでもいいからピアノに触ること、というのは一般的に知られています。

勉強も同じです。**勉強「0」の日を作らない**。「1」でもいいから進める。ベッドの中にいるかもしれないけれど、それでも勉強に1ミリでも触れているほうがいいわけです。

実は、この勉強のしかたは、僕の経験から「編み出した」ものです。

僕は受験期に、プレッシャーでぜんぜん勉強できなくなってしまったことがありました。

どうしても机に向かうことができない、向かいたくない。自分でもどうすればいいかわからなくなっていました。

でも、勉強しないと受からないということは頭でわかっていたので、なんとか少しでもやれる方法を考えました。

そこで、ベッドに横になりながらやってみようと思ったわけです。**机に向かわずに勉強する方法がある**、と考えました。

僕はベッドに横になりながら、とにかくセンター試験（2021年度入試から、「大学入学共通テスト」に変更）の世界史Bの過去問をずっと解いていました。

センター試験は4択問題です。やることは解答番号を丸で囲むだけ。これぐらいはベッドの中でもできました。この方法で、なんとか「落ちた」時期を乗り越えました。

問題を解くことだって、机の前に座らなくてもできます。

どうしても机に向かうことができないとき、まずはベッドの中でできる勉強を試してみましょう。

勉強の動画を探してみてもいいし、参考書で小さめのものを用意してもいいです。とにかくベッドで寝っ転がりながらでもできるように、準備しましょう！

横になってもできる勉強

- 勉強のスマホアプリ
- 電子書籍で参考書をダウンロード
- リスニング音声を流す

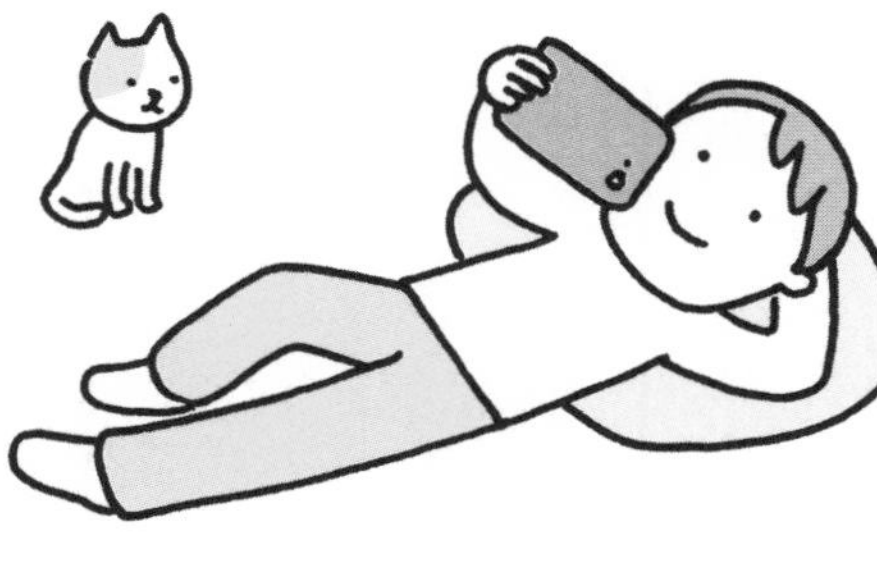

05

インプットよりアウトプットを

見ているだけではうまくいかない。とにかく手を動かそう！

「インプットよりアウトプット」というテーマでお話しします。

たとえば、社会の勉強。みなさんにとって、どっちの勉強が集中できますか？

A　社会の教科書を読む

B　社会の問題集を解く

おそらくですが、Aの教科書を読むよりも、Bの問題を解くほうが集中できるという人が多いのではないでしょうか？

人は、何かを読む、誰かの話を聞く「インプット」よりも、問題を解いたりする「アウトプット」のほうが集中できるものです。

このテーマでは、このアウトプットを中心とした勉強のしかたについて、お話しします。

◯ゴールに向かって進める

なぜ、インプットよりアウトプットのほうが集中しやすいのか？　それは、**アウトプットのほうが「何をするのか」が明確だから**です。

たとえば本を読むことを考えてみましょう。

本を読む、つまり、インプットするときは、ゴールはあまり明確ではありませんよね。とりあえず読む、ということになってしまって、目的が見えにくいです。

逆に、「問題を解く」であれば目的が明確です。

「問題を解く！」「問題を解けるようになる！」と、やるべきことが明確になっています。その目的に向かってがんばることができるでしょう。

○アウトプットは記録に残る

さらに、アウトプットは目に見える「かたち」になります。

たとえば、「本を読む」とか「人の話を聞く」は、「これだけやった！」がわかりにくいですよね。

「読んだ」「聞いた」というのは、何かができるようになる準備であることは間違いないです。しかし、目に見えるかたちで何かができるようになったという達成感は少ないかもしれません。

また、読んだあと、聞いたあとに、何かの「もの」として、「これだけやったぞ！」という記録が残るわけではありません。

逆に、「問題を解いた」「ノートにまとめる」などのアウトプットは、「これだけの問題数を解いた！」が目視できます。そして、それは**記録として目の前に残り続けます。**

前章でお話しした「目標」も、実は、インプットは目標設定しにくいです。一方、アウトプットは目標設定に活用しやすいです。

○ アウトプットの指示は明確

たとえば、インプットの場合。

「3ページ読み進める」を目標設定します。

ある人は、3ページ書いてあることの字面をパパっと追って終わり。ある人は、じっくりと暗記できるように読む。どちらも「3ページ読む」です。

このように、「3ページ」と言っても、**人それぞれ、想定している内容が違うケースが一般的**です。インプットは、何をやるのか想像しにくいので、このように人によってやることがバラバラになりがちです。


逆にアウトプットはわかりやすいです。

「問題を解く」という目標を立てたとき、みんな想像することが違う……なんて現象はほぼ起こり得ないです。

「3問解いて！」と言われたとき、**100人いれば100人みんな同じ指示を想定**します。

このように、「読む」「聞く」（インプット）と比べて、「解く」「書く」（アウトプット）は明確にやることがわかるのです。

だからこそ、やるのであれば、「読む」「聞く」より「解く」「書く」です。

○ アウトプットのやり方を教えます！

では、具体的にアウトプットのやり方をお教えします。

おおまかに、以下の三つのやり方があります。

◎「聞く」⇩「書く」

オンラインでもオフラインでも、授業を聞くとき、覚えるべきポイントをノートにまとめましょう。

ただ聞くだけでは眠くなってしまいます。そうならないために、とにかく手を動かすのです。

特にオンライン授業や授業動画を観るときには必ず書く！

大切なポイントです！

◎「聞く」「読む」⇩「解く」

授業を聞いたり、本を読んだりするときは、必ず「そのあとでテストをして、満点を取る」ことをセットで実施しましょう。

テストがあるということを前提にして聞くことで、インプットの質も上がります。

◎「読む」⇩「書く」

本を読むだけではなく、本の内容を整理するノートを作りましょう。

また、ノートを見直すとき、「もっとポイントとして追記できるところはないか」と考えましょう。

「書く」というアウトプットを起点に考えましょう。

○ 五感を使うと記憶に残りやすい

ちなみに、やっぱり、インプット中心よりもアウトプット中心のほうが成績も上がりやすいです。

たとえば、何かを覚えたいとき、理解したいときに、ペンも何も持たずに、ノートもメモも取らずに頭の中だけで考えて覚えられる人はなかなかいませんよね。

しかし、ペンを持ってノートやメモを取ったりすることで、覚えやすくもなります。

頭の中だけで考えている状態というのは、五感を活用していません。

逆に、アウトプットは、ペンを持つ触覚、目でノートに書いた文字を追う視覚、自分で口に出して聞くことで聴覚を使います。つまり、五感のうち三つを活用します。

五感を多く使った勉強は、記憶にも残りやすいわけです。だからこそ、アウトプットをベースにした勉強を意識してみてください。

きっと結果につながります！

インプットからアウトプットへ
「聞く」
↓
「書く」
「聞く」・「読む」
↓
「解く」
テスト
「読む」
↓
「書く」
ポイントは…

06

勉強時間を計ろう

ストップウォッチで努力を可視化しよう!

突然ですが、東大生が目の前にいたとしたらどんな質問をしますか?

僕はよく、学校でお話をさせていただきます。そのようなとき、必ずと言っていいほど受けるのは、以下の質問です。

「何時間くらい勉強すればいいですか?」

「何時間くらい勉強すれば東大に合格できますか?」

まあ確かに気になりますよね。

どれくらいやれば受かるのか、知りたいと考えるのは自然なことです。

○昨日、何時間勉強しましたか？

でもこの質問って、よく考えたらおかしいと思いませんか？

だって、「時間をかけたら勉強ができるようになる」わけじゃないですよね？


たとえば、みなさんが4時間勉強したとして、そのうち2時間わからない問題をずっと考えていたとします。2時間ずっと、**「うーん、うーん」と唸《うな》っていて、それで半分勉強時間が消えているのであれば、その時間にはなんの意味もない**ですよね。

ただただ頭を捻《ひね》って考えているだけで2時間経過……。ハッキリ言うと時間のムダです。そういう時間が何時間累積したって意味がありません。


もっと言いましょう。昨日みなさんは何時間勉強しましたか？

そしてその勉強時間が仮に3時間だったとして、その3時間のうち、どれくらい本気で、なんのジャマも入らず、スマホもいじったりせずに、きちんと3時間勉強できましたか？

おそらく、こう聞かれると「3時間」とは答えにくいですよね。

つまり、「机に向かっている時間」は計れるのですが、そのうちどれくらいが自分の本当の勉強時間なのかはわからないのです。

だから東大生に「どれくらい机に向かっていたのか」と聞いても意味はありませんし、みなさんも、ただ**机に向かっている時間だけを計ることに意味はない**のです。

結局、そうやって机に向かっている時間で考えていると、「勉強しているのに成績が上がらない！」「がんばっても結果が出ない！」ということになります。

○ 時間を気にするのはやめよう

「勉強しているのに成績が上がらない！」のはなぜか？

答えは簡単です。単純に勉強に身が入っていない場合が多いのです。

僕もそうでした。

ちょっとよそ見したり、遊んだり、別のことを考えたり。本当の意味での勉強時間が少ないから成績が上がらないのです。

つまり、勉強時間自体に目を向けること自体、あまり意味がないですし、**勉強の効果を上げることにはならない**のです。

○本気の時間を計ってみよう

では、本当の意味での勉強時間を増やすにはどうしたらいいか？
オススメなのは、ストップウォッチを使った勉強です。
ストップウォッチを用意して、「自分の本気になって努力した時間」だけを計ります。

ちょっと余談ですが、このように、周りについているムダなものをすべて落とした中身のことを「正味《しょうみ》」と言います。
『デジタル大辞泉』（小学館）で意味を調べると、

「余分なものを取り除いた、物の本当の中身。」

とあります。
つまり、勉強時間で大切なのは「正味」です。
「正味」の時間が長ければ長いほど、成績が上がる勉強と言えるわけです。
正味の時間を計るために、ストップウォッチを使います。

◦ 勉強に集中している時間はストップウォッチを進める
◦ ちょっとスマホを見る時間には止める
◦ 机の前だけではなく、行き帰りの電車の中でも集中していたら進める
◦ でも友達に話しかけられたら止める

こうやって、「自分の本気になって努力した時間」だけを抽出してみましょう。

○ 本当の自分の姿が見える

ストップウォッチは、**自分の本当の努力を可視化**してくれます。
「ちゃんと本気になっていると自分が感じた時間だけを計ってみる」というルールを

決めます。すると、こんなことに気づくことができます。

- ○ ぜんぜん時間が稼《かせ》げない
- ○ ちゃんと身が入った勉強をしていない

僕もストップウォッチで計らないで勉強していたときは、「毎日3時間くらい勉強しているかな？」と思っていました。

実際測ってみたら「なんと⁉　1時間も勉強していないじゃん！」となりました。

多くの人は、**「勉強しているつもり」になっていることが多い**です。でも実際は、**ぜんぜん勉強に集中できていないことが多い**のです。

だからこそ、自分の「本当の」勉強時間を計ってみましょう。

そして、その勉強時間のほうを増やす訓練をしてみましょう。

その時間が長ければ、必ず成績も上がるはずです！

おすすめ！

スタディタイマー

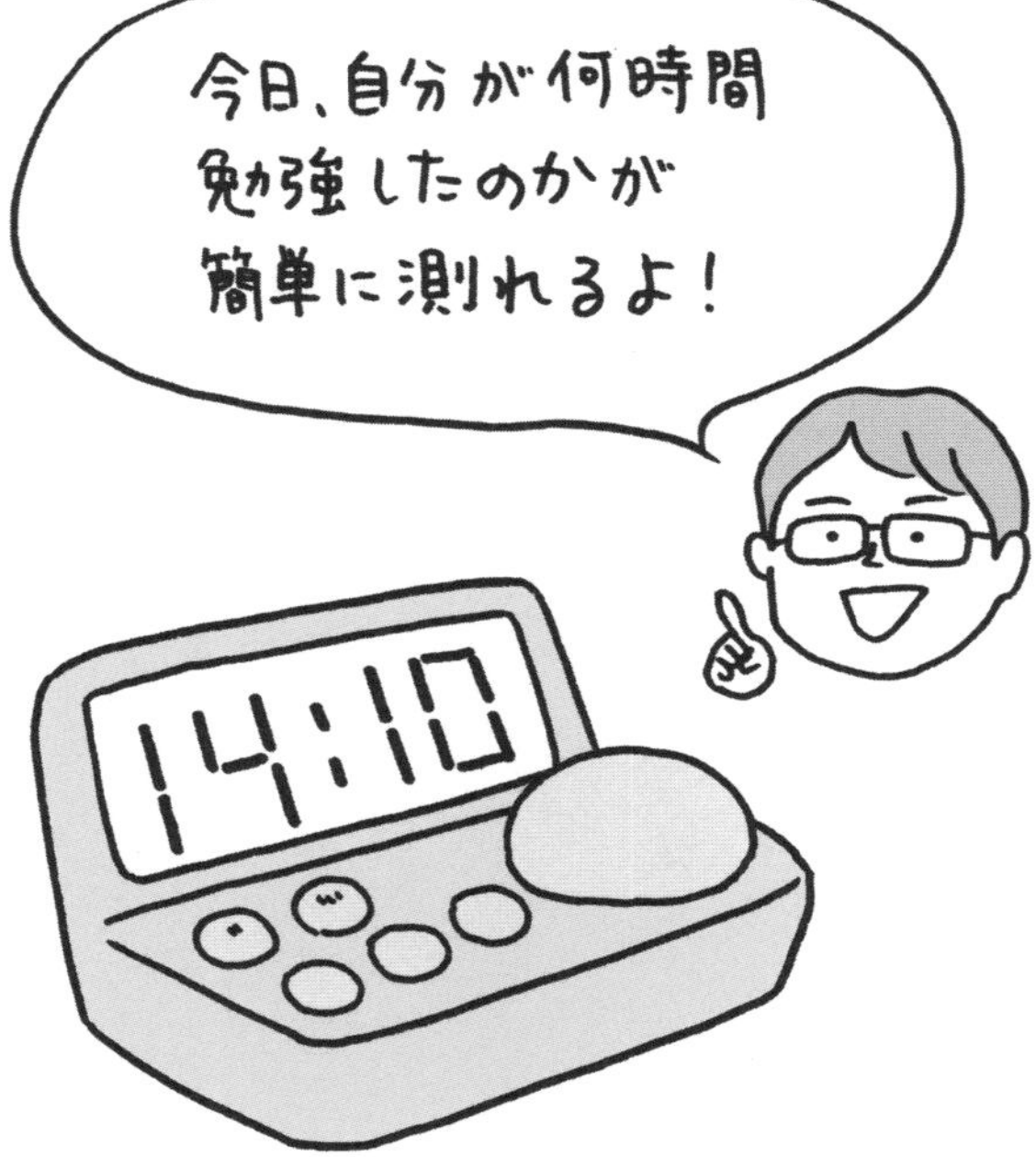
今日、自分が何時間
勉強したのかが
簡単に測れるよ！
14:10

第4章

STEP3

「勉強後」に振り返る

やる気がずっと続く自分を作ろう

01

「ちょっと残し」をしよう

明日の勉強は、今日の勉強の丸つけから始めよう

みなさんは、勉強や仕事を「やろう！」と思ったときにすぐにできる人ですか？

おそらく、「なかなかできないかも……」という人が多いのではないかなと思います。

なぜそう感じる人が多いのか？　実は、勉強や仕事をする上で一番の難所は、**最後ではなく最初、つまり、「やり始め」**なんです。

朝、勉強を始めるとき、昼休みを挟んで勉強を始めるとき、家に帰ってきてから何か勉強をやろうとするとき……そんな、**最初の「さて、やるか」というその一歩を踏み出すのが最も難しい**のです。

やり始めたら意外となんとか進んでいきます。

大変なのは、最初に「やろう」と思ってベッドから体を起こし、スマホを置いて机

に座ってPCをつけたり準備をしたりする、そのスタートの部分なのです。

では、この最も難しい「やり始め」を克服する方法はあるのでしょうか？　あります！　めちゃくちゃ簡単な方法があるので、聞いてください！

○ 終わらせずに「寸止め」しよう！

オススメの方法は「**続きからスタートする**」です。

昨日の勉強を、少しだけ残しておきます。別の言い方をすると、**終わる前に「寸止め」**します。

そして、次の日のスタートは、前の日に終わったところの続きから始めるようにするのです。

ぜんぶキリがいいところまで終わらせるのではなく、あと1ページのところで勉強を終了します。あと少しのところで終わって、少しだけ勉強を残します。

次の日の朝には「とりあえずこれだけやってしまおう」と、**少し残した昨日の続きから始める**ようにするわけです。

○キリが良すぎると次が大変

僕らはよく、「キリがいいところまで終わらせよう」と考えてしまいがちですよね。

「あとちょっとで終わるから、終わらせちゃおう！」と思ってしまいます。

ですが、実はキリが良すぎると、次の勉強を始めるのが大変になってしまうことがあります。

キリが悪いところで終わっていれば、次に始めるときに、「さて、さっきキリが悪かったから早く終わらせてしまおう」ということもできますよね。

だから、**キリが悪いところで切り上げておくほうが次につながりやすい**、というわけです。こうすることによって、はじめの一歩だけは簡単に進めることができるようになります。

ね、すごく簡単ですよね？

○自動的にやる気が出る方法

こんな方法もあります。

問題を解いたあと、丸つけをしないでそのままにしておきます。

問題を解き終わったあとに、すぐに丸つけしたくなるところをグッとガマンします。そのままの状態で今日の勉強は終了！

次の日の朝。

「ああ、あんまりやる気が出ないなぁ」

特に勉強する気は起きません。

でも、昨日、解きっぱなしにしておいた問題があることを思い出します。

「あれ？　そういえば、昨日のあの問題、合っていたのかな？」

問題ができていたのか、できていなかったのか、気になり始めました。

「丸つけだけはやろう」

と思ったら、成功です！

あんまりやる気が起きない朝だったとしても、丸つけにはそんなに時間がかかりません。だから、「それだけはやろう」という気になりました。

そして、間違っている問題があったら「これ、なんで間違えたんだ？」「あれ？　なんで自分こう答えたんだ？」と気になります。

そうするとじゃあ解説を読もう、参考書に戻ろう、とそのまま勉強を続けられるわけです。

また全問正解だったら全問正解だったで「よっしゃ！　幸先がいい！　このままがんばろう！」とその勢いのまま1日がんばれるわけです。

○「続きから」始めよう

坂道でボールを転がすとき、ボールは最初に力を入れるとそのまま転がっていってくれます。

しかし、最初に入れる力が弱いと転がりません。

それと同じで、やはり最も肝心なのは「最初の一歩」なのです。

最初の一歩のハードルをできるだけ下げると、そのあとも勢いを保ったまま前に進んでいけるわけです。

①丸つけをしないで寝る。次の日の朝に丸つけをする

②宿題をあと1問で終わるところまで終わらせて、次の日に完成させる

③問題集などの最後の1ページだけ取っておく

このように、ゲームでいうところの「はじめから」ではなく、「続きから」で始めるように心がけるのです。

新しいゲームをプレイするのではなく、やっていたゲームを「続きから」やるから、スタートが簡単になるのです。

"続きから"始めよう

丸つけは次の朝にする

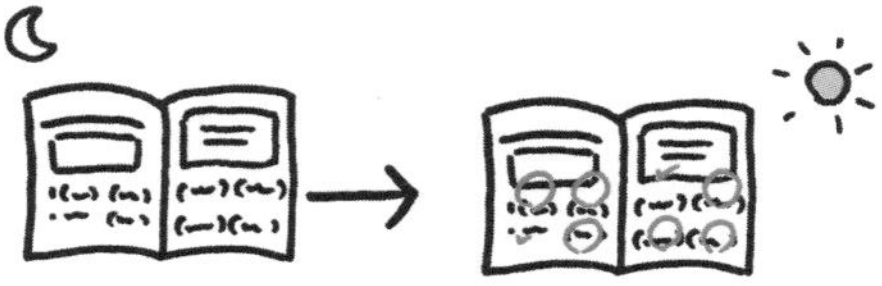

あと1問を残して次の日に完成させる

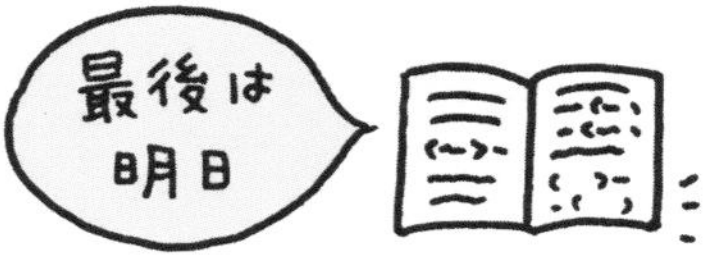

問題集は最後の1ページだけ取っておく

02
「進み」をチェックしよう
手帳を用意して、進捗を管理しよう！

次は手帳のお話です。

みなさんは、手帳は持っていますか？

持っている人はどんな風に使っていますか？


東大生は**手帳を使う人が多い**です。

スマホではなく、紙の手帳で「明日何がある」とか「こういうことをしなければならない」など、自分の予定や、やることを整理しています。

紙の手帳で管理する、これは東大生の一つの大きな特徴だと言っても過言ではありません。

○ 東大生の意外な手帳の使い方

東大生はいつから手帳を使っているか？　多くの東大生は、受験生時代から紙の手帳を使っています。大学生になってから、ではないんですね。

紙の手帳を、受験勉強に役立てていたという人が多いのも特徴です。

なぜ紙の手帳を使うのか？

それは、**過去1週間の予定を振り返る**ためです。

これから先の予定を書き込んでおいて、確認するというのが手帳の一般的な使い方かもしれません。

東大生は、先の予定、特に勉強の予定を書き込みますが、メインの使い方はそこではありません。

手帳に書いてある過去の勉強の予定を見ながら、**「これくらいやった！」ということを明確にする**のです。

○ 勉強の量は測りにくい

受験生に「昨日なんの勉強をした？」と聞くと、たいていの場合「数学をやった」「英単語をやった」と一言返ってきます。

つまり勉強は、**「これくらい」という分量について、とても言いにくい**んです。

そして、「これくらい」に対してさらにこんな質問をします。

「具体的にどんな勉強をどれくらいしたの？」
「どんな目標があって、どれくらい終わったの？」

答えは「……」。

やっぱり、なかなか答えられないんですよね。

第1章の「目標」の話と同じく、**勉強の成果は具体性がないと意味がない**のです。

「あの問題集をやったけれど」「単語帳を少し見た」というのは、具体性が乏しいです。自分がやったことに対しての認識がこの程度だと、勉強はなかなかうまくいかないでしょう。

○ 具体的であることの重要性

具体的か、そうでないか。

これはちょっとした違いに見えるかもしれませんが、これめちゃくちゃ重要なんです。

第2章でもお話ししましたが、僕も、もともと前者のパターンで勉強していて、成績が一向に上がらなかったタイプです。

ちゃんと毎日家で机に向かって「数学を勉強しよう」としていたのですが、途中でボーっとしてしまう。ぜんぜん進んでいないのに「なんとなくやった気がする」と勉強を途中で辞めてしまう。集中力が長続きしませんでした。

目標や自分のやっていることがぼやけているうちは集中できないのです。だからこそオススメなのが、目標の中に数字を入れて、行動を細分化することなのです。

○ 東大生は手帳を使う

もっと具体的に言います。

勉強を始める時点で、最初に何を達成すれば目標がクリアできるのか？　つまり、数値目標とそのために必要な所要時間を考えて勉強するのです。

そして、その目標を、紙の手帳にバッチリ書きます。

たとえば、こんな感じです。

> 青チャートの10～30ページを終わらせて、二次関数の基礎を理解する（40分）

これぐらい具体的な目標を、手帳に書き上げておくのです。

そして、その目標を順番に一つひとつ達成していけばＯＫ。

このように進めることで、みなさんの行動は可視化されます。

「数学をやろう」「仕事をしよう」のようにぼんやりと考えて行動していたものが少なくなります。進捗が具体的に管理できるようになります。

手帳に書いてあるので、あとから振り返ることもしやすくなり、自分が勉強したことも整理できるようになります。

これからやることも、これまでやったことも、両方しっかりと見えるようになるので、よりしっかりと勉強に意識を向けることができるようになるのです。

ということで、「具体的な行動の目標・細分化」＝「可視化」を行うためのツールが手帳なのです。

東大生が紙の手帳を使っている理由はここにあります。自分がどういう勉強をするのか、細かく設定してみることで勉強の質は確実に変わります。

○ 心が折れない管理のしかた

さて一つ、東大生の面白い事例を紹介します。

左のようなノートを取っている人がいました。

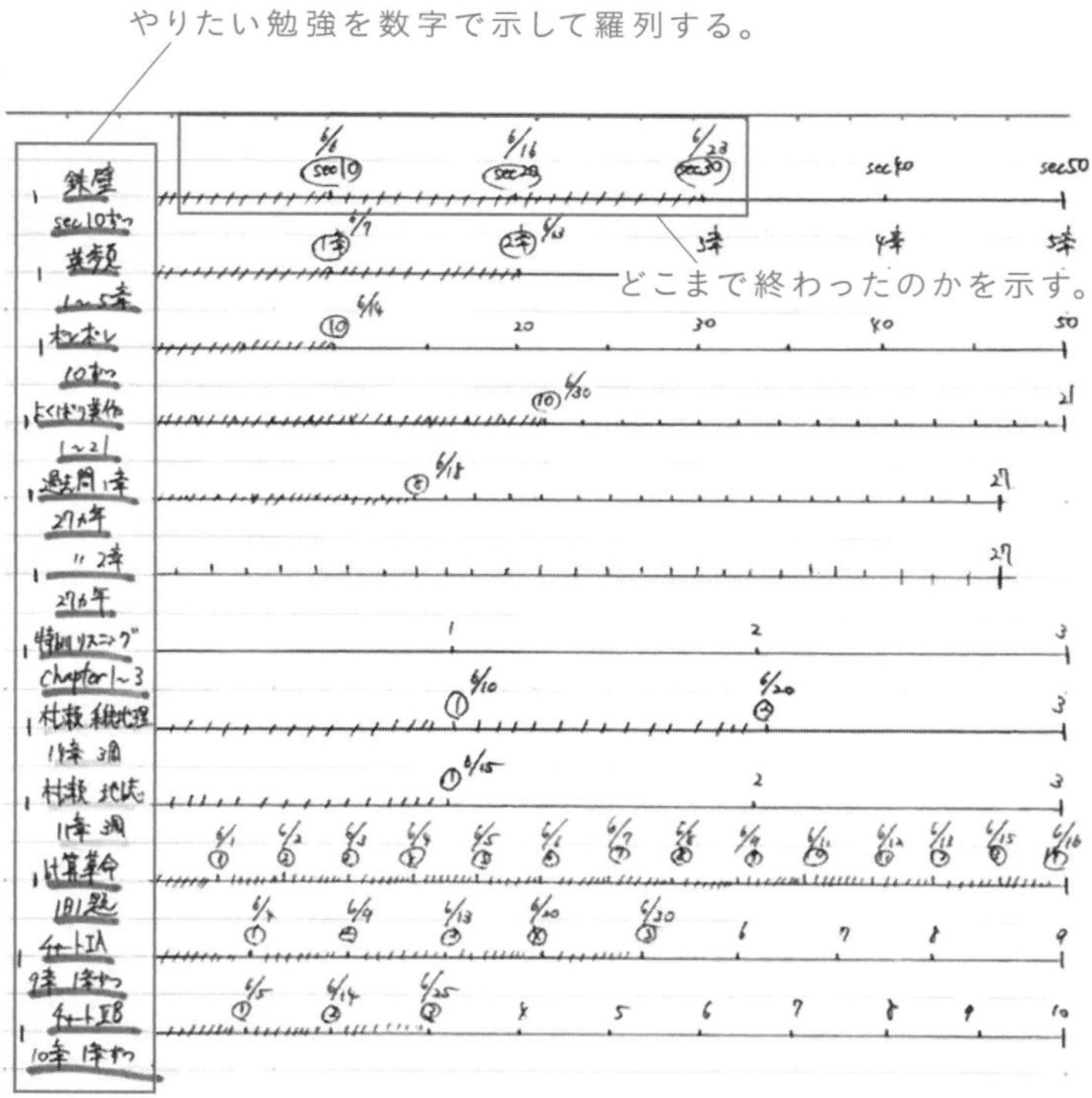
やりたい勉強を数字で示して羅列する。
どこまで終わったのかを示す。

図　ある東大生が取っていたガントチャートノート

このノートの名前は、**ガントチャートノート**、と言います。ある東大生は、このガントチャートノートを、手帳に書き込んでいたのです。

こんな風に作ります。

- やりたい仕事や勉強したい内容を数字で表す【目標】
- その目標を、3~10個に分割して、図のように羅列する
- 毎日どれくらい進捗したのか、何%くらい終わったのかを書く
- さらにそれを複数作る

勉強って、いろんなものを並行してやらなければなりません。英語もあれば数学もあり、学校の宿題もあれば、塾の課題も、自習で進めたい参考書もあります。

複数のことを同時並行で、さらに長期的に進めていこうとすると、かなり心理的な

負担は大きくなってしまいます。

長い時間がんばらなければいけないときって、心が折れそうになったり、今自分が何をやっているのかがわからなくなったりしてしまいますよね。

そういうときにこの手帳があると、「自分は1ヶ月でここまで進んだんだ」「あと数週間でここまでやるんだから、割と余裕あるな」などという感じで、**迷わずに努力することができるようになる**のです。

仕事や勉強がつらくなったとき、この手帳を見返すことでもう一度初心に立ち返ることができるのです。

○ 何度も言います

このガントチャートノートのポイントは、何度も繰り返しますが、**すべてを「数値化」する**点です。

ずっとお話ししていて、「さっき聞いた」と思ってしまった人。すみません、大事なことなので、何度も言います。やはり人間は、数字でわかりやすい目標があったり、数字で「進み」がイメージできる状態だと努力が続きます。

「1冊」をやろうとするのではなく、「10ページを10個セットで」終わらせていこうと努力していくことで、努力が見えやすくなります。そして、事前にやる気もわいてくるものです。

手帳の活用法、おわかりいただけたでしょうか？

手帳は文房具店、書店などで買うことができます。

また、サイズもいろいろです。手のひらサイズのコンパクトなものから、ノートサイズの大きなものまで本当にいろいろです。自分のお気に入りの手帳を選ぶ楽しみもあります。

まだ手帳を買ったことがない、使ったことがないというみなさんも、ぜひ、マネしてみてください！

やるべきこと	目標にすること	ToDo	達成率
			%
			%
			%

03

ノートを整理しよう

ルーズリーフでファイルを作って、何度も見返そう！

みなさんのノートはきれいですか？

もし、今作っているノートを人に見せたら、見た人にわかってもらう自信はありますか？

やっぱり、勉強において、ノートって大事です。「**理解しやすいノートを作ってあとから復習する**」のは勉強の鉄則と言っていいでしょう。

それに、きれいなノートを作るとテンションが上がります。ノートを作ってまとめなおす習慣を持つようにしましょう！

○ 復習に便利なルーズリーフ

みなさんはノート派ですか？

それとも、ルーズリーフ派ですか？

ノートはまとまっているから整理する必要がありません。一方、ルーズリーフならそれをファイリングして残しておく必要がありますね。

だから「ルーズリーフってちょっと面倒」と感じている人もいるかもしれません。

ですが、実はルーズリーフは復習するときとっても便利なんです。

書いたことを覚えているかどうか見直します。そこで**覚えられていないものだけを抜き出して復習できる**からです。

ルーズリーフ派じゃないみなさんも、この方法を知ったら、ルーズリーフ派に「寝返る」……はずです！

具体的にやり方をお話ししますね。

○ 情報を一元化しよう！

1科目につき1ファイルを目安に、すべてのプリントを一つのファイルにまとめます。

これは、授業で配られるプリントだけでなく、同じ科目の小テストや定期テスト・模試の問題やその直しなど、**すべてを一つのファイルに閉じておく**のです。

このようにしてファイルを作っておくと、その科目の情報を**一元化してインプットするために効果的**です。

またそれだけではなく、過去に解いた問題と似たものに遭遇したとき、すぐに**関係例題を探すことができる**ようになるのです。

がんばりを〝見える化〟する

そして、ファイルの整理を定期的にやりましょう。

ルーズリーフにプリントと、どうしても整理しなければならない紙の量が増えてしまいます。最低限、トピックごとに資料をまとめましょう。

整理することは、学習効率を上げることにつながります。

資料が探しやすくなることはもちろんですが、実は、みなさんの気持ちにもいい影響があります。

「**ああ、自分はこんなにがんばったんだな**」

ということが〝見える化〟するわけです。達成感がわき、次の勉強につながるでしょう。

○ できなかったことをまとめておこう

僕は1年間の終わりに、できなかった問題や覚えられていない項目だけをまとめていました。そのまとめたファイルを「1年間ファイル」と名づけていました。

普通、高校2年生になったら、高校1年生の復習ってしないですよね？

でも、このようなまとめたファイルを作っておけば、やることが明確になります。

復習する内容を凝縮できるのです。

これもルーズリーフだからこそできることです。

また、このようにしてまとめた「できなかった問題や覚えられていない項目」は、あとからランダムにシャッフルすることができます。

順番をバラバラにできるからこそ、ランダムな問題を出題したりすることができるんですよね。

こうすると、本当に自分が解けるようになっているのかを確認するのに役立ちます。

ルーズリーフの活用法、いかがでしたか？

ノート派から、ルーズリーフ派になりたくなりましたか？

みなさんもぜひ、試してみてください！

できなかった
問題をファイルに
入れておく
問題
1.
2.
3.
4.
答え 1 3
「1年間ファイル」

04

みんなに報告しよう

他の人に見てもらうことで勉強がはかどる！

人間は、「一人でがんばるのは難しい。だけど、誰かが見ているとがんばれる」という側面を持っています。

誰かから見られているという意識があると、そうでない場合と比べて、**1・5倍程度の力を発揮できる**と言われているのです。

たとえば、工事現場では人の「目」のかたちのシールが貼られている場合が多いです。これは、働いている作業員が「誰かから見られている」という意識があると、ミスしにくくなると言われているからです。

実際、目のシールを貼っている現場とそうでない現場とでは、事故率が1・5倍程度違うと言われています。

SNSで勉強の成果を発信！

ということで、自分を「他人から見てもらうことで縛る」という方法は、とてもオススメなのです。

具体的には、「自分はこんなことをしたんだ」ということをSNSなどで表明します。SNSは世界中の人とつながるためのツールです。ということは、SNSで発信した時点で、**世界中の人がみなさんの勉強の成果を見ている**わけです。

そう考えると、1・5倍どころじゃなく、もっと力を発揮できそうな気がしませんか？

「恥をかく」ためにツイートする？

実際、東大合格をめざす受験生の中には、周りから応援してもらうために、ブログやX、YouTubeで自分の勉強記録を発表している人がいます。

そして、このような受験生の**合格率は高くなる傾向**があります。

特にXとInstagramには「勉強垢」と呼ばれる受験生のアカウントや、浪人生の人たちのアカウントが数多く存在しています。自分の勉強記録や成績を上げつつ交流しています。東大生も数多くの人が、こうしたアカウントを作って勉強していたそうです。

さて、このような受験生は、一体この行為によって、具体的に「何を」得ているのでしょうか？

一見なんの意味もなさそうな「発信活動」ですが、こうやって他人から見てもらうことにはどんなプラスの効果があるのでしょうか？

それは、「**恥をかくことができる**」ということです。

できれば恥はかかずに生きたいですよね？　でも、この「恥をかく」というのはとっても大切なことなんです。

以下、具体的にお話ししますね。

○「恥ずかしさ」を力に変える

実はこれ、僕もやっていた方法なんです。

大学合格をめざすXのアカウントはとても多いです。そのアカウントでは、自分の志望校と、模試の成績・順位や点数を写真でアップしています。

自分の勉強の記録や成績を、どんどんX上にアップして、解けた問題も解けなかった問題も、いい成績も悪い成績も、**誰かが見ることができる状態にする**わけです。

そうするとSNS上では、同じ目標を持った受験生がたくさんいることがわかります。そして、自分よりもいい成績の人がたくさんいることや、自分が解けなかった問題を簡単に解いてしまう人に出会うことができます。

「自分より勉強している誰か」と出会えて、そういう人にも自分の勉強記録が見られるわけです。

逆に、**自分の恥ずかしいミスなんかも他人に知ってもらうことができる**わけです。

そうやって「恥ずかしい」という意識を持つと、「自分は何をやっているんだ」「きちんと自分もがんばらなければ」という意識が生まれるわけです。

周りと比較して「勝とう」とする意識というのは、それだけでモチベーションになるのです。

○より強いヤツを探そう！

自分よりも強い人に勝ちたい。誰かに負けたくない。

少年マンガでも、ライバルの存在が主人公を成長させますよね。

「自分は最強だ」と思っていると、なかなか努力するモチベーションは生まれません。しかし、「自分より強いヤツがいる」と思うと、努力するモチベーションが生まれる。**相手がいるから強くなる。**これはどんな物事においても同じなのです。

先ほど紹介した、東大をはじめとする難関大学をめざす受験生がXをやっているという話には、ある背景もあります。

実は、やっている受験生の傾向を見ると、周りに難関大学をめざす人が少ない地域、たとえば、地方に住んでいる受験生が多いそうです。

そういう場所では自分が一番！　つまり、「お山の大将」になってしまう場合が多いです。

自分より上の人がいないから、より上をめざそうという気概が生まれません。

でも、Xに行けば自分なんかよりももっと上の人たちがゴロゴロいる。それを知り、**「自分なんかまだまだだ」と理解するためにXをやる。**このようなライバル作りは、とても大切な行為だと言えます。

SNSで自分の勉強を発信すること。

これは結構大変かもしれませんが、重要なことです。

ぜひやってみてください！

○○○@study_○○○ 10月1日
問題集終わった!
今週から始めた問題集、
一冊制覇!
明日からは新しいステージ
に突入!
45
私もがんばる!!

05

振り返りノートを作ろう

目標達成できたかをチェックしよう！

勉強したあと、一番やってはいけないことをお話しします。

それは、やりっぱなしにすることです。


質問します。昨日何時間勉強しましたか？

たとえば、3時間勉強したとしましょう。

その3時間、きちんと集中して勉強できましたか？　次の三つのうち、どれに当てはまりますか？

A　3時間以上の効果があった！
B　時間相応に、3時間分くらいの効果があったと思う。
C　3時間かかったけれど、2時間程度で終わらせられる内容だったかも……。

Aだったら、この調子でがんばろう！　となります。

Bだったら、まあいいと思いますが、さらに効果を上げるためにはどうしたらいいか？　を考える必要があるかもしれません。

Cだったら、何がいけなかったのかを見つける必要があります。

と、こんな風に振り返ると、見えてくるものは人それぞれですよね。

やって終わり！　だと、よかったこと、改善しないといけないことなどは見えてきません。つまり、**次に活かすことができないので、勉強は一向に効率化しません。**

できるのなら、効率的な勉強が望ましいです。みなさんだって、短い時間で結果が出せるなら、それに越したことはないですよね？

○ 実は、もう振り返っています

ここでオススメが、振り返りノートを作ることです。

でも、今みなさんはもう、振り返りがしやすい状態になっています。なぜなら第2章で、目標と目的を整理しているからです。

この整理ができていれば、目標がどれくらいの割合達成できたのかを確認し、目的が果たせたのか、もしくは果たせなかったのかを確認することができます。

「ああ、この問題集30ページが目標で、あと3ページだったな」

「目的としていたこの分野の復習はできたかな」

と、整理できるはずです。

それを振り返って、「次にどう活かすのか」を考えていくということができるでしょう。

○何が問題なの？

さて、振り返るときに大事なことがあります。

それは、**「具体的に考える」ということ**です。

たとえば、「どうして自分は勉強が遅いのか？」とか、「どうして数学ができないのか？」と考えてみても、何も思い浮かばないですよね？

というか、この問いに答えなんかあるのか？　と感じてしまいます。

何かをより良くしたいと思ったときに、どこに問題があるのかなんて、なかなか思い浮かばないと思います。

では、どうすれば問題を浮き彫りにして、物事をより良くするためのプランを思い浮かべられるのでしょうか？

それは、問題を「具体化」すればいいのです。

×「どうして数学ができないのか？」

ではなく、

○**「どうしてこの前のテストの数学の点数が悪かったのか？」**

と言い換えます。

さらに、もう一歩深く考えるなら、

○**「数学のテストの第２問でどうして計算ミスをしてしまったのか？」**

であれば、答えを見つけるのは簡単そうですよね？

勉強をデータ化する

問題点というのは、「点」という言葉が入っているように「点」でしかありません。

抽象的なものの中から「点」を探そうというのは、言ってしまえば砂浜で一粒の砂を見つけるようなもの。

砂を見つけたかったら、どこにその砂があるのか具体化して、「この容器の中に必ず探している砂がある」くらいまでやらないといけないのです。

そして、そのために必要なことというのが、データ化です。

× 「結構英語勉強したんだけれど、点数上がらないな」

などと考えていても、何をどう改善すればいいかはわかりません。結果、成績は上がるわけがありません。

○ **「3時間この参考書をやって、2時間英単語帳をやったけれど、英単語のミスで10問落としてしまった」**

という風に、勉強が数字で具体的にデータになっていれば、

「じゃあここの2時間をもっと長くしよう」

「単語のミスをなくすための参考書をこれくらいやろう」

などと対策も立てやすいわけです。

2時間で予定していたものが3時間かかってしまったのであれば、

○「じゃあどの問題で時間がかかってしまったのか？」

○「その問題で時間がかからないようにするためにはどうすればいいのか？」

と考えていけばいいのです。

振り返るときは、**「何を」変えればいいのかを明確に**しましょう。

そして次に、具体的にどんな工夫をするのかを整理しましょう。

そうすれば、次に必ず活きる勉強ができるようになるはずです。

どこでミスをしているのか

↓

英文法より英単語が弱い

↓

強化すべきは **英単語!!**

第 5 章

STEP＋α

緊張しない自分になる

「不安」と「迷い」をゼロにして受かる自分になる方法

01

行きたい大学の試験会場をイメトレしよう

「不安」と「迷い」が一瞬で消える！

みなさんは、試験で緊張するタイプですか？　それとも、しないタイプですか？

受験や模試・学校の期末テストなど、いろんなテストがあって、それらが近づいてくると緊張してしまうことって多いですよね。

あまり緊張しないタイプだと語っているような人でも、当日には試験会場の雰囲気に呑《の》まれてしまって、ぜんぜん力を発揮できないほどガチガチだった……ということもあるでしょう。

人間、なんだかんだ、緊張してしまったり、本来の力が出せなかったりすることは結構多いと思います。

○ イメトレで不安ゼロに

東大生は、どんな風にして緊張を緩和しているのでしょうか？

先に答えを言います。多くの東大生は**イメージトレーニング**をしています。

たとえばみなさん、次のような質問に答えられますか？


「試験の日の朝は、何時に起きる？」

「何時の電車に乗っていく？」

「本番の試験会場に行くまでのルートはどういうもの？」

「試験会場までで、コンビニには寄る？　寄らない？」

「試験の日の休み時間には、どんな参考書を読む？」

「試験会場に着いたら机にはどんなものを置く？」

「試験問題が配られたあと、どんな順番で問題を解く？」

「難しい問題があったら飛ばす？　それともその問題を解き続ける？」


これらの質問にすべて＆きちんと回答できる人は、おそらくあまり緊張しません。

東大生は、これらを想像するイメージトレーニングを徹底的にやります。

事前に試験会場に足を運ぶのは当たり前。

キャンパスや教室の写真を調べたり、鉛筆の硬さをあらかじめ決めておいたり……さまざまなかたちでイメトレを行っています。

人間は一般的に、**想定している以上の行動ができない**生き物です。

頭の中で思い描いた通りには行動できるけれど、考えたこともないような行動は取れない。それが緊張しているならなおさらです。だから、イメトレをして想定しておくのです。

極端な話、試験本番でふだん通りの結果を出したければ、**機械的になるのが一番**なのです。ぜんぶ決めておいた通りに進めて、シミュレーション通りに機械的に判断を下していくことで、ふだん通りの結果を出すことができるわけです。

だから、イメージトレーニングを行い、頭の中であらかじめ「どのような行動を取るのか」をすべて決めておくのが一番なのですね。

○迷いが吹き飛ぶ方法

決めておくべきことは他にもあります。

たとえば、試験中に「この選択肢、二つまで削れたけれど一つに絞るにはどうすればいいんだろう？」と悩むことってありますよね。

そういうときのために**「本当に迷ったらこっち」と決めておく**のです。

「番号が若いほうを選ぼう」

「直感を信じよう」

こんな風にあらかじめ決めておくことで、本番で「えーっと、どっちにしよう⁉」なんて悩む時間を短縮できるわけです。

「難しい問題があったら飛ばすかどうか」なんかも決めておくといいですね。

一回ぜんぶ解き切るというのも手ですし、３分は悩んでみる、というのもありです。科目によってこれを考えておくのもありだと思います。

○ 朝から本番までのスケジュールを考え、決める

○ 解く順番や、悩んだときにどうするかを考え、決める

この二つをあらかじめ考えておきます。

決めておくことで、会場に行っても緊張することなく本番に臨むことができるはずです。

試験前のイメトレ

02

選択を減らしておこう

ジョブズが毎日同じ服を着たのはなぜ？

次は、試験中のお話です。
「試験でいい点を取るため」のテクニックを紹介します。

試験は選択の連続です。

「この問題、時間がかかりそうだけれど先に行ったほうがいいかな？」
「ちょっとこの答え、キリが悪い数字だから間違っていそうだけれど、計算間違いがないか確認したほうがいいかな？」

と、さまざまな選択を繰り返さないといけません。

だから、「優柔不断な人」は試験と相性が悪いと言えます。

「この問題、アの選択肢でいいのかな……」

なんて悩んでいたら、試験が終わってしまいます。これではふだんの力を発揮できるわけがありません。

どうすれば優柔不断ではなくなるのか？

先ほどのイメージトレーニングの話の中で、「あらかじめ決めておく」とお伝えしました。ある程度はこれで予防できます。

「**迷ったらアにしよう！**」

「**キリが悪い数字が答えになっても、戻らないでいったん進もう**」

とルールを決めておくことで、その場で悩まないで済むのです。

○ 生活の中の選択肢を減らそう

そしてもう一つ、オススメの方法があります。
その日1日、極力選択をしない。
言い換えると「**ムダな選択を減らす**」ということです。

これは試験中の話ではありません。何を着るか？　何を食べるか？　など「生活の中のことすべてにおいて」です。

ん？　試験中の話じゃなくて？　と思った方、実はここがポイントなんです。理由をお話しします。

ケンブリッジ大学 Barbara Sahakian 教授の研究によると、人は1日に最大3万5000回の選択をしていると言われています。
そして、明確な基準がわかっているわけではないのですが、**人間の脳は1日に選択できる数が決まっている**のだそうです。

それ以上の選択をしてしまうと脳が「決断疲れ」を起こして、「決断の先送り」が増えてくるのだそうです。

「3万5000？　そんなに選択しているかな？」

確かに、3万5000って結構な数ですよね？

職場に何を着ていくか？　何分の電車に乗るか？　どの駅で降りて、どのタイミングで仕事を始めて、いつ取引先に電話をするのか？　どんな言葉を使ってどんな話をするのか？　と、細かい選択をしていくと、3万5000なんてあっという間です。

逆に言えば、ふだんから選択する数を減らす訓練をしておくと、本当にしっかり選択しなければならない場面、つまり、**試験中に的確かつすばやく選択することができる**ようになるわけです。

○ジョブズは毎日同じ服

Apple の創業者の一人であるスティーブ・ジョブズ。

彼は、人前に出るときに毎回同じ服を着ていました。決まって同じ服を着ていたので、みんな「毎日同じ服なのか？」と不審に思っていたそうなのです。

しかし真相は少し違いました。彼は、同じ種類の服をたくさん持っていて、それを毎日着ていたのです。

同じように、東大生や東大卒で、同じ服を何着も持って仕事をしている人に会うことがあります。堀江貴文さんが最たる例ですね。同じシャツを何着も持っているそうです。

同じ服を何着も持っていれば「服を選ぶ」という選択をしなくて済みます。同じだから選ばなくていい。選択の回数を減らすことができるのです。

○ムダが多いと優柔不断になる

東大生は選択が速いです。それは試験においても、ふだんの生活においても。これはふだんから「選択」を減らす傾向があるからだと僕は思っています。


服の選択だけではありません。

先ほどもお話しした通り、東大生は手帳を使ってしっかりとスケジュールを立てている人が多いです。これも選択を減らす行為だと言えます。

朝起きる時間を固定して、毎日決まってこのルートで駅に行き、この時間の電車で通勤通学する、と決めておけば選択の数はどんどん減っていきます。

ルールが設けられていれば、機械的に行動することができるようになるわけです。


逆に、なんとなく8時くらいに目を覚まして「朝、今日は何時の電車で通学しようかなぁ」と考えるのは、ムダな選択をすることにつながってしまいます。

ムダな選択をすればするほど、脳の容量はそれらで埋め尽くされて、優柔不断に

なってしまうのです。

○ 選択肢を減らすために「固定」しよう

だからこそみなさんにオススメなのは、「ムダな選択を減らす」ということです。試験の日だけでなく、ふだんから次のことを意識しましょう。キーワードは「固定」です。

○ なるべく決まったスケジュールで動く ⇩ **スケジュールを「固定」する**
○ ムダな装飾品を持たない ⇩ **身につける装飾品を「固定」する**
○ ものは決まった場所に置く ⇩ **置き場所を「固定」する**
○ よく聴く音楽のプレイリストを作る ⇩ **聴く音楽を「固定」する**

重要な選択で優柔不断にならないために、ぜひ、試してください！

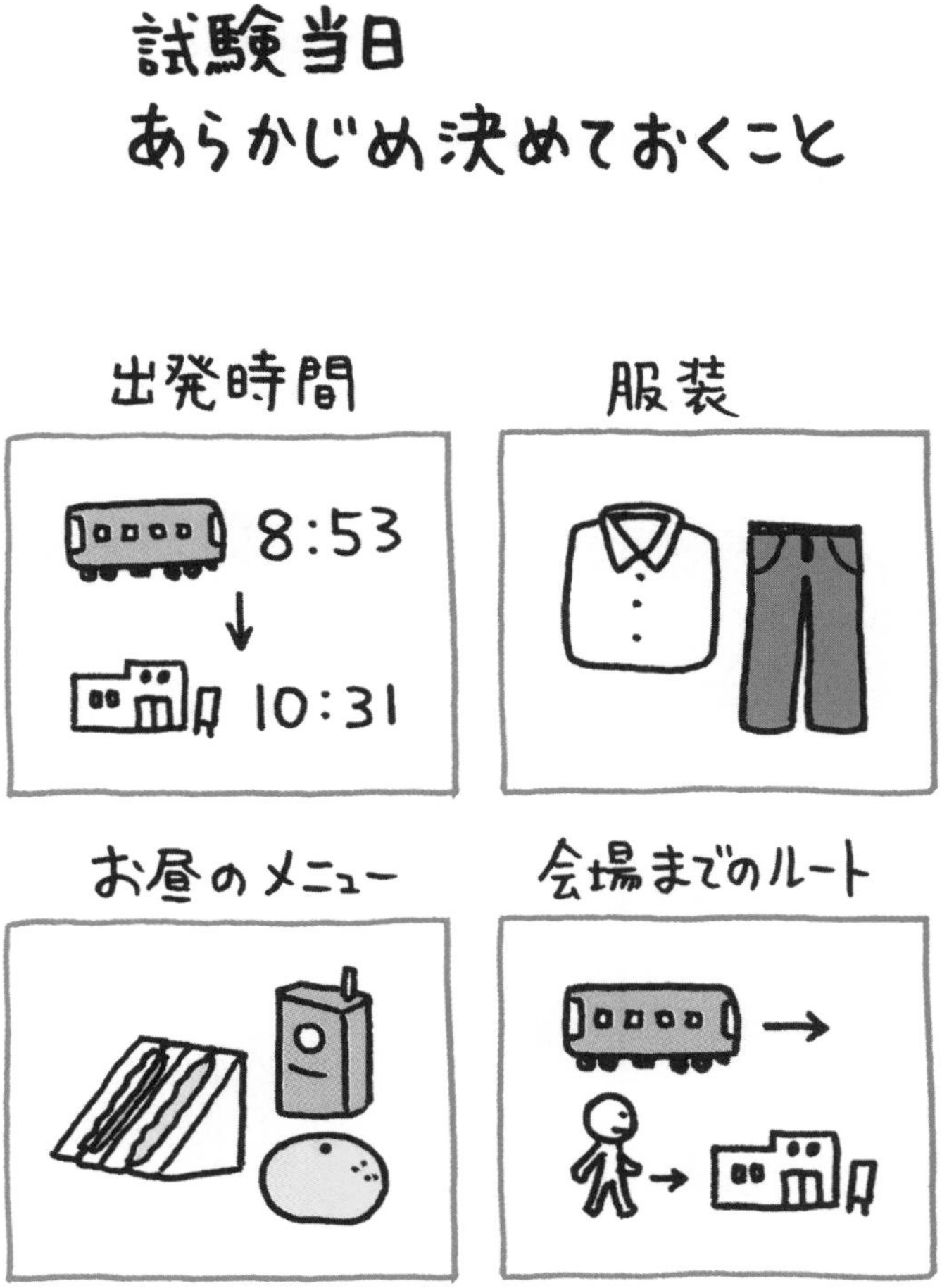
試験当日
あらかじめ決めておくこと
出発時間
8:53
10:31
服装
お昼のメニュー
会場までのルート

03

決めたことをしっかりと守ろう

自分との約束を守る！

学校の試験や入試が近づいてくると「ぜんぜん勉強ができなくなる」と言う人がいます。

「え？　試験が近づいてるんだから、勉強しなきゃならないんじゃないの？」

でも、実際はその逆です。

試験期間中って、多くの学校で「自習しなさい」ということで部活が休みになったり、半日で学校が終わったりしますよね。

受験期間も同じで、入試が近づいてくると休校になることがあります。「最後の仕上げ」をする時間を、学校が取ってくれるというわけです。

この自習時間、仕上げの時間をまったく有効に使えない人が一定数います。

やる気が出ない、もしくは、やる気がなくなる。または、緊張して眠れなくなって勉強が手につかなくなってしまう人って、結構多いんですよね。

○ サボるつもりはなかったけど……

また、こんな「猛者」もいました。

試験前の休校期間に、全40巻ほどあるマンガをすべて読破したというのです。

一度読みだしたら止まらなくなり、結局、最後まで読んでしまった。

やる気がないから、ベッドに寝転んで、とりあえず本棚にあるマンガを手に取った……もう、自分では止めることができません。


さすがに試験前ではないけど、何かをやろうとして気乗りせず、ふと違うことをし始めたら止まらなくなってしまった……なんていう、この「猛者」と同じような経験をした人は少なくないと思います。

サボるつもりはなかったけど、結果的にサボってしまった。**自分をコントロールすることができなかった**わけです。

この問題を解決してくれるのは、ただ一つ。ルールです。

続けてお話ししますね。

○ ルールがやる気を作る

学校や塾に行って「○～●時まではこの勉強をしなさい！　それで1週間こういう風に勉強すれば成績が上がるから！」と縛ってくれる。

また、遅刻したりサボったりすると「どうして遅刻したんだ」「そこ！　サボらない！」と怒ってくれる。

そんな環境なら、ナマケモノな自分を正してくれます。

でも、自分一人で勉強する時間が長くて、自分を怒ってくれる人がいない環境下では、ナマケモノな自分が最大の敵です。

「サボろうぜ、めんどうくさいじゃん」

と言ってくるわけです。

「**Manners maketh man.**（礼節が人間を作るんだ）」

という言葉があります。

映画『キングスマン』でも使われていた言い回しです。

これはイギリスの古いことわざです。意味は以下の通りです。

「**人間というのはそのままでは怠惰な動物だけれど、礼儀や習慣などを守ることによって『人間』になるのだ！**」

人間はそのままでは人間にはならず、いろんな制約や自分で決めた決まりごと、世の中のルールを守る中で人間になっていく、という意味です。

つまり、**ルールがない状態だと人間はまったくやる気になれない**のです。

第2章で目標を作ったりTO DOを作ったりしたのは、自分を縛るルールを作ったほうががんばれるからでした。

同じように、この問題を解決するのもまた、ルールであるべきだと僕は思います。

○ 気合だけでは解決できない

多くの人はこの「ナマケモノ問題」を、精神論でなんとかしようとします。


「オレはサボらないぞ！　きちんとガッツを持とう！」

「サボリの原因になるスマホは封印だ！」


ハッキリ言ってこれ、ナンセンスでしかありません。

もちろん、短期的には効果を発揮することは認めます。でも、ガッツでなんとかするということは、ガッツが尽きたらもうその時点で終わりです。**問題の先送りでしかない**のです。

「歯が痛い！」と言っている患者に痛み止めを渡すようなもので、根本的な部分にアプローチできないと、ずっと「歯が痛い」という事実は変わらないのです。

そんなことで解決するなら、誰も苦労しません。

自分を変えたいと思うのなら、つまり、自分の中のナマケモノを退治したいと思うのであれば、自分に頼っていてはいけません。

○テクノロジーを頼ろう

こういうときにオススメなのが、テクノロジーの力を借りることです。スマホや機械の力を借りればいいのです。


「そんなの難しいんじゃないの？」

「テクノロジーなんて使い方を知らないよ」


という人もいるかもしれません。でもみなさんは、今の段階でも絶対多かれ少なかれ、テクノロジーの力を借りているはずです。

たとえば朝起きるとき。

めざまし時計、もしくは、スマホのアラーム機能を使いますよね？

つまり、テクノロジーの力を借りて起きているわけです。


「明日の部活での試合はめっちゃ重要で遅れたくない！」

「だから気合で6時に起きるぞ！」


っていう人がいれば、超激レアです。

朝6時に「気合」で起きる人は、まずいないでしょう。


でも、自分のやる気のなさを気合でなんとかしようとしている人って多いのです。

もう一回言います。自己管理がしたいのなら、**自分に頼ってはいけません。**こういうときこそ、**スマホを活用するべき**なのです。


たとえば、YouTube の生配信。

勉強をしている動画を流している教育系の YouTuber っていますよね。それを流しながらがんばってみたりとか。

また、リマインダーアプリやカレンダーのアプリなどを使って、「この日までにこれをやる！」と、やることと期限を明確にして通知が来るようにするとか。

さらに、第3章で紹介したストップウォッチなども、自己管理のためにテクノロジーを使うということになるでしょう。Xなどでの発信もそうですね。

これらのことを実施することで、「やりたくない」というナマケモノの自分を倒すことができるのです。

ルールを作って守れるよう、テクノロジーの力を借りる。

ぜひ実践してみてください！

テクノロジーを駆使しよう

第6章

受験生からの質問にぜんぶお答えします！

Q&A

部活動と勉強の両立が難しい！

「部活動と勉強の両立ができません！」

「文武両道とか言うけれど、そんなのムリじゃねえの!?」


この質問は本当によく受けます。

確かに、部活をやりながら勉強の時間も確保するのってとても大変です。東大に合格したいなどと考えるのであれば、部活の時間は抑え目にしないといけないと考える気持ちもわかります。


しかし、部活をやっているみなさんに一つ朗報があります！

東大には、部活動をやりながら合格した人間も数多く存在しています。

なんなら、高校3年生の夏までずっと部活漬けで、そこから半年間の受験勉強で合格したという学生だっているのです。

一体なんでそんなことが可能だったのでしょうか?
そもそもの話、**部活動は受験や勉強にとっていい効果があります。**

以前東大生に、こんな質問をしました。

「部活をやっておいてプラスになったことってある?」

その答えは……!
なんと、以下の通りでした。

「**いやいや、プラスだらけだよ**」

まず、運動系の部活なら「体力」がつきます。
何時間も勉強したり、机に向かうのは、結構な「肉体労働」です。

部活動を本気でやっていれば**疲れにくい体を作っている**ことになる。つまり、どんどん勉強できるようになるわけです。

部活が終わった（引退した）瞬間からぐーんと成績が上がる学生も多いのです。それは、**勉強に臨むために必要な体力がついている**からだと解釈できます。

さらに、運動部でも文化部でも「集中力」を養成することができます。

一つのことを極めている人間は、集中して一気に何かに打ち込む能力も高いものです。一つのことをがんばっているからこそ、**一つのことに集中して打ち込むのは得意になっている**わけです。

だからこそ、他の人と比べてスタートが遅くても、時間的なディスアドバンテージなんか乗り越えて、一気に成績を上げることができるのです。

そして、忍耐力を身につけることができます。

まあ、言ってしまえば「根性」というヤツです。

すごい暴論を言ってしまえば、実は成績なんて「やれば上がります」。

適切な努力を適切な分量やれば、成績が上がらないわけがない。勉強というのはそういうものです。

つまりは、根性でどうにかできる部分というのも多分に存在しているのです。

丸暗記じゃなくて効率的に勉強する、1時間の勉強効率を良くするとか、そういうのはもちろん確かに大切です。すごく必要な技能ではあることは間違いありません。

でもその反面、計算のスピードとか英単語とか漢字とか、年号とか理科社会の暗記するべき項目とか、そういう基礎的で丸暗記で対応するべきものは結構存在します。

それはもう、机に向かって覚えるしかない。

そう考えたときに、必要になってくるのは「根性」です。

とにかく気合でなんとかする。

そういう「ガッツ」でどうにかなってしまうことも多いのです。

そしてそういう項目は、部活動をやっている人間はとても強いのです。

いかがでしょうか？

「**体力**」
「**集中力**」
「**根性（ガッツ）**」

受験において大切な能力を、部活動で養成することができるのです。そんな部活動をやめてしまうのって、ちょっともったいないと思いませんか？

さて、これで部活動を続けることのメリットは納得してもらえたと思います。
部活動を続けていれば、部活終了（引退）後、追い上げられる可能性が高い、と。
しかし、部活動を「今」がんばっていて、勉強時間がなかなか取れない人はどうすればいいのでしょうか？

僕のオススメの方法は「**とりあえず、1日1時間はやる**」です。

どんなに忙しくても、毎日1時間、週7時間は必ず確保します。

そして、1時間ですべてを終わらせる努力をしましょう。

別に、部活動をやっていて勉強時間が少ないからと言ってディスアドバンテージにはなりません。東大にも、高校3年生の夏までずっと部活動をしながら東大に合格した人間はザラにいます。

というより、もし勉強時間で勝負がすべて決まるなら、浪人生はみんな合格していますよね。

でも浪人生は合格しやすいかどうかというと、決してそうでもありません。合格率は現役生と同じくらいです。つまり、**時間は成績を高めてはくれない**のです。

逆に、今部活動をやめて勉強に専念したとして、みなさんは多分、勉強できません。

「時間があったらきちんとできるのではないか？」

というのは、ハッキリ言うと幻想です。

多くの場合、そうやって部活をやめた人は成績が伸び悩みます。これは、多くの学校の先生とお話しして共通した見解です。

部活動をやめずに勉強をがんばる。

そのために必要なのは「**1時間の効率を上げる**」です。1時間ですべての勉強を終わらせるためには何をすればいいいか、自分で必死に考えてみるのです。

時間がある人はそんなことはしませんし、できません。1時間の重みがわからないからです。

これは現代文の講師で有名な、東進ハイスクール・東進衛星予備校の林修先生がおっしゃっていたことです。

忙しい人の1時間と、忙しくない人の1時間は時間の流れ方が違います。

1時間が貴重な人にとっての1時間は長く、貴重ではない人の1時間は短いです。

時間が有り余っている人は、1時間を大切にしようという意識が薄い人が多いです。

逆に時間がない人はこう考えます。

「いやいや、この1時間をどう大切に過ごすかが大切だ。せっかくの1時間なんだから、大切に使わないと」

部活動をやっているみなさんと、そうでない人の話に戻しましょう。

帰宅部の人というのは、たくさん時間がある分、「この1時間を有効活用しないと!」という意識は忙しいみなさんよりも少ないです。

逆にみなさんは、部活動でがんばっているからこそ、1時間がいかに貴重な時間なのかを知っている人たちです。

その重大な1時間をうまく使うというのは、時間のないみなさんだからこそできることのはず。

ぜひ、1時間の一番いい使い方を考えましょう。

Q&A

志望校の決め方がわからない！志望校が決まらない！

「高校受験、どうしよっかなぁ」

と思っている中学生は多いかもしれません。

高校1年生であれば、そろそろ文系理系を選択しなければならないという人も多いと思います。

高校2年生のみなさんは、そろそろ志望校をしっかり決めろと先生に言われているところかもしれませんね。

しかし志望校なんてどうやって決めればいいのでしょうか？

いろんな選択肢があって、迷ってしまいますよね。

先に、ダメな決め方をお話しします。

学校の偏差値だけで決めることです。

というのも、偏差値って、別に「受かりやすさ」の指標ではないんですよね。

たとえば東大。

偏差値上では最上位だから、一番難しいと判断されています。でも、1次試験の二段階選抜の予定倍率は学部によって異なりますし、科目が多い分点数としてはそこまで多く取る必要がないこともあります。

また、科目によっては東大よりも難しい大学なんていっぱいあります。

数学だけで言えば東京工業大学や一橋大学の問題のほうが難しいです。英語で言えば東京外国語大学や京都大学の問題のほうが難しいとも言われています。

というか、単純な比較は不可能な場合が多いです。

人によってはAの大学のほうが簡単で、人によってはBの大学のほうがラクに解ける。

つまり、偏差値という一つの指標だけで、大学入試の難易度を判断するのは難しいのです。

だからこそ、自分がいけそうかどうかで判断するのではなく、**行きたい大学をめざしましょう。**そのほうが熱い受験ができるし、自分も成長できます。

そうやって自分の実力よりも上の大学をめざして勉強すれば、その高い目標を達成できたり、惜しくもダメでも、それ以外の大学はぜんぶ合格するという可能性もあるのです。

オススメなのは、**とにかく高いところをめざす**ことです。

たとえば、高校1年生の人は東大をめざして勉強しておくといいでしょう。

「ええ⁉　東大⁉」

って思うかもしれません。

とりあえずいったんでいいですから、一番高い目標を持って勉強することがいいと思います。東大めざしときましょう。

もちろん、現実的に難しいこともあるでしょうし、『ドラゴン桜』桜木先生の言う通り垂直的には考えられないからこそ、他の大学の対策が難しくなってしまう可能性もあります。

でも、ほとんどの大学は、東大の入試問題の影響を受けていたりします。

東大の対策をしておけば、ほぼほとんどの大学に合格できるぐらいの実力がつくと言っても過言ではないでしょう。

とりあえずでいいから、東大に行くと言ってみる。これってすごく大事なことです。

また、高校2年生や高校3年生に上がって、「東大はさすがに……」と言う人にオススメなのは、**いい教授のいる大学を探す**という方法です。

自分が行きたい学部の学問についての本を読んだり、自分の興味のある分野の論文を調べたりして、「この先生のもとで勉強したい!」という教授を探してみてください。

ぶっちゃけた話、「この大学に行きたい!」って決めるのは難しいです。

なぜなら、大学というものについて、想像が及ばないから。

だってみなさん、「その大学で学んでいる自分」を想像できますか？　それって結構難しいですよね？

それはもう、しかたがないことです。

「この大学に行ったら幸せになれるのか？」

なんて、わからないものです。

でも、「この教授の授業を受けたら楽しそうだな」というのは、具体的で想像しやすいと思います。

授業であれば、きっと本や論文を読めば想像できます。

だから、大学は教授で選ぶという方法はオススメです。

ぜひ調べてみましょう。

○ 魅力
✕ 偏差値
○○大学
ここに行くぞ!!

Q&A

文系と理系って、どう決めればいいの？

文系と理系、どっちにするかって悩みますよね？

行きたい大学とかやりたいこととか、そういうものを考えようと思ったときに大切になってくる文系理系の選択。

これはどのように判断すればいいのでしょうか？


ごめんなさい。

「どう選べばいい」という正解はありません。


志望校に関してもそうですが、あなたの人生ですから、あなたが選びたいように選べばいいと思います。

その上で、これだけはオススメしないというのは**「数学が苦手だから理系はやめよう」という考え方**です。

これで文系を選ぶと、結構後悔する人が多いです。

「数学がイヤだから」というのはすごく短期的な理由でしかありません。将来のことを考えるのに、そんな消去法で進路を選んで成功するわけがない……ってことですね。

もっと長期的に考えましょう。

たとえば、理系の職業と、文系の職業を思い浮かべてみましょう。

その上で、

「あ、オレ、理系の職業でなりたいものが少ないな」

「私、文系の職業のほうがなりたいものが多いな」

という思考をするのはオススメです。

そのほうが勉強のモチベーションも上がるというものですよ。

Q&A

志望校の合格ラインと、自分の学力の距離が遠いから下げようと思っています。

この質問も多くの受験生から受けます。これは時期によります。

高校2年生より前の学年だったら、まだ諦めるのは早すぎます。

その上で、現実的にもう諦めたほうがいい時期というのもあるかもしれません。

それを判断するのは【高校3年生の8月31日】です。

9月になったら、二次試験の過去問を解く必要があります。

だから、8月までの模試の結果を受けて、8月31日に決めましょう。

ただ、個人的には、最初にねらった志望校は極力変えないほうがいいと思います。

「学力が直前になってガッと伸びる」というパターンがよくあります。

勉強して次の日に結果に出るということはなくて、勉強したことが定着してきた1〜2ヶ月後に、少しずつ結果になって現れてくるということはあるのです。

オススメなのは、**第二志望を確実に受かるようにしておくこと**です。

一番避けるべきは、第一志望に固執しすぎて、どこにも受からなくなることです。背水の陣で挑むのも悪いことではありません。しかし、保険も何もない状態で挑むのはかなりつらいものがあります。きちんと、第二志望を受かるようにした上で、第一志望を捨てきらないでおく。これが一番いいと思います。

第一志望を諦めて、勉強のやる気も何もなくなってしまうというのはよくあるパターンで、そういう場合は、たいていどこにも受かりません。そうならないように、**第二志望に合格できる状態にしたまま、第一志望にこだわり続けましょう。**

僕も現役のとき、東大しか見えていませんでした。でも2浪して、「今年こそは、第二志望も合格しよう」と考えて、早稲田大学に合格することができました。「落ちたら早稲田大学に行こう」と考えながら東大を受験しました。そして、その安心感もあって、ちゃんと東大に合格できたのです。

みなさんもぜひ、第二志望を選べる状態にして、第一志望の試験に臨んでください。

Q&A

受験期に重要なことを教えてください！

ムリをせず、しっかりと日常生活を送ることです。

受験期だからと言って何か特別なことをするのでなく、**いつも通りを心がけてください。**


毎日寝る間を惜しんで勉強しても、内容は頭の中に入りません。

「受験まであと半年だから、その間は4時間睡眠で一生懸命勉強するぞ」

なんて言って、受かるわけがないのです。


朝、決まった時間に起きる。

朝食を食べる。

勉強をする。
体を動かす。
夜しっかりと寝る。

これらを続けることは、日々を大事にしている証拠でもあります。

受験生は受験まであと1ヶ月しかないから、そこまでにあれをやって、あのテキストと過去問をやって、だから毎日これくらい勉強しなきゃ……とあれやこれやムリな計画を考えてしまいがちです。

それもしかたない面もあるのかもしれませんし、事実そうやって受かる人もいます。しかしその前提として、それを継続して規則正しい生活ができるのなら、です。

日々の勉強に追われて、
毎日毎日夜更かしをして、
不規則な時間に起きて、
朝食も食べずに学校に行き、

休憩も入れずにエナジードリンクを飲みながら勉強し、夜遅くまで勉強をして睡眠時間もほとんどない。

これじゃ受からないのです。

合格は日常生活の延長線上にあります。これはとても大切な考え方です。ここをおろそかにして落ちてしまう受験生はとても多いからです。

僕たちの勉強する時間も、寝る時間も、何をするのも、日常の中にあります。

みんな平等に24時間が与えられており、この24時間の質が落ちれば、当たり前のように勉強時間にも影響が出ます。

睡眠不足なら勉強の時間に影響が出ますし、友達とケンカしたら勉強どころではないですよね。

つまりは、**勉強の時間を大切にするだけでは合格は不可能**なのです。

これは受験生だけの話ではありません、大人になっても同じです。すべては日常生活の延長線上にあります。

日々をどれだけ大切にできるかが、すべてのカギなのです。

僕はラップが好きなのですが、ラップでギネス記録を持っているラッパーのエミネムも、家族との時間が大切だと言っています。

朝はしっかり起きて、17時にはスタジオを出て家族との時間を大切にすると言います。

それ以外にも世界的な記録を立てた人は、**朝起きてきちんと夜決まった時間に寝てムリをしない**ことを信条にしている人はたくさんいます。

ちなみにみなさん、受験は何時にテストが始まるか知っていますか？

東大の二次試験は9時半開始です。多くの私大でも遅くても10時だと思います。

この事実を、よくよく考えてみてください。

Q&A

学歴って、そんなに大切なものなんでしょうか？大学受験のために勉強する意義がわかりません。

気持ちはわかります。

ハッキリ言いますが、学歴があってもうまくいかない人なんてザラにいます。東大に入っても、早稲田大学に入っても、それ以外の大学でも、**うまくいく人はいくし、うまくいかない人はいかない**です。そんなものです。

でも、学歴って、あって困るものではないんです。

あるのとないのとでは、**あったほうがいいことは確定的に明らか**です。

「学歴社会が否定されている」というのは、別に学歴がいらなくなったということではありません。「**学歴ぐらい持っていないと、めっちゃ困る**」ということです。

そして、これは勉強以外のどんな分野についても同じですが、「いざというときに努力できる人間」でないと、社会に出てから苦労します。

中途半端で、なんの努力もしてこなかった人間は絶対に負けます。

なぜなら、努力のしかたを知らないからです。若いころの苦労は買ってでもしろと言います。その理由は以下の通りです。


苦労しておいた分だけ、大人になってからも苦労できるようになる。


動かない理由は探せばいくらでもあります。

でも、動かない人間は長期的に考えれば淘汰《とうた》されます。

別に理由なんてなんでもいいんです。とにかく前に進むこと。

それが、みなさんに求められていることであり、そうできるようになれば、みなさんは必ず社会に出てからも負けない人間になると思います。

Q&A

塾って行くべきですか？

読者のみなさん次第です。

というのは、どんなにいい先生がいても、どんなにいい授業があっても、どんなにいい教材があっても、**あなたがそれを利用しきれないのであればなんの意味もない**からです。

塾は、入れば成績が上がる魔法の施設というわけではありませんからね。

ぶっちゃけた話、塾に行ってもぜんぜん合格できない人・成績が上がらない人はいます。逆に塾に行かなくても成績がガッツリ上がる人もいます。

めっちゃ授業を取った結果、復習がおろそかになり、まったく自分の身にならない……なんてパターンもザラです。

これは現役時代の僕のことです。

夏期講習をたくさん取って、いい授業が受けられて、とても勉強になったにもかかわらず、ぜんぜん復習ができませんでした。

結果、成績がぜんぜん上がりませんでした。

塾の先生や予備校の講師はその道のプロの方です。合格に近づくための授業や情報が提供されるのは間違いありません。

繰り返しますが、授業を受けたから合格できる、塾に入ったから合格できる、というわけではありません。

要はみなさんが、**それを使いこなせるか？　そうじゃないか？**　です。

使いこなせると思ったら、ぜひ入ってください。

Q&A 先生の言っているやり方が自分に合っていないように感じる。やめたほうがいいですか？

ぶっちゃけ、勉強は本当に悪い方法でもなければ、どんな方法でも努力すれば普通に成績が上がります。

「やれば上がる」と言いますが、それは本当にそう。

やって上がらないわけがないというか、努力すれば成績なんてどの方法でも上がります。

それが早いか遅いかとか、自分に合っているかどうかとか、そういう違いはあれど、**やり続ければ成績が上がらないことはない**です。

それを前提に、質問の答えです。

「先生の言っているやり方が自分に合っていないと感じる」のであれば、二つの考え方があります。

「**どんなやり方でも成績は上がるんだから、もう少し続けてみる**」

というものが一つ。もう一つは、

「**どんなやり方でも成績は上がるんだから、他の方法を試してみる**」

というものです。

本当の本当にイヤなのであれば、他の方法を試してもいいと思います。

でも僕としては、3ヶ月くらいは続けてみるのがいいと思います。3ヶ月続けて、「これやっぱり合っていないよ」というのであれば、もう切っていいです。

勉強が結果になって出てくるのには3ヶ月くらいはかかります。どんなにつらくても3ヶ月くらいは辛抱するのがオススメです。

勉強が楽しくなる！　西岡壱誠のオススメ本

『英単語の語源図鑑』（清水建二・すずきひろし・本間昭文［イラスト］、かんき出版）

「語源」のイメージを持っておくことはとても重要です。

どんな単語が出てきても、「あの単語と似ているからこういう意味かな？」「この単語の語源から考えて、だいたいこういう意味だろう」と類推できるようになるからです。

この本は、その「語源」がイラスト的にわかる本なので、ぜひ読んでみてください。

『核心のイメージがわかる！　英文法キャラ図鑑』（関正生、新星出版社）
『核心のイメージがわかる！　前置詞キャラ図鑑』（関正生、新星出版社）

いずれも、スタディサプリの関先生の著書です。

どれだけ説明されようとも、言葉で理解しきるのはムリがあります。どこかでイラストや、イメージの力を借りるしかない。イメージ的にざっくり文法や前置詞のことが理解できるようになる一冊です。ぜひ読んでみましょう！

『現役東大生の世界一おもしろい教養講座』（西岡壱誠、実務教育出版）

手前味噌で恥ずかしいのですが、私、西岡の本です。身の周りの事象が、どれくらい地理・日本史・世界史と結びついているのかを明示する本です。学校で勉強すること、したこととのつながりが実感できる内容です。学校の勉強がつまらないとか、なんで受験なんかやらなきゃいけないんだとか、そういう風に感じたらぜひ読んでみてください！

『「高校の化学」が一冊でまるごとわかる』（竹田淳一郎、ベレ出版）

高校で習う化学の内容を、体系的、かつわかりやすく解説している一冊です！ 化学に興味がある人、受験で使うけれど知識がない人はぜひ読んでください！

『宇宙一わかりやすい高校物理 電磁気・熱・原子 改訂版』

（鯉沼拓［著］・為近和彦［監修］・水谷さるころ［イラスト］、Gakken）

『宇宙一わかりやすい高校物理 力学・波動 改訂版』

（鯉沼拓［著］・為近和彦［監修］・水谷さるころ［イラスト］、Gakken）

宇宙一わかりやすいです（迫真）。……いや、マジで面白いです。物理が嫌いで嫌いでしかたがなかった西岡が、この本を読んで「こういうことだったのか……」ってわかるようになるレベルで面白いです。イラストなどが結構ついていて見やすいですし、一度ぜひ読んでみてください。

『からだのしくみを学べる！ はたらく細胞 人体のふしぎ図鑑』

（講談社［編］、シリウス編集部［監修］、はたらく細胞製作委員会［監修］、講談社）

『はたらく細胞』というマンガの図鑑版です。生物において大切な分野である体の細胞。『はたらく細胞』は、これらがどのような働きをしているのかがマンガでわかるという優れものの一冊です。アニメ化もしました。

そのマンガを使いながら、きちんと勉強できる内容になっているのが『人体のふしぎ図鑑』です。ぜひご一読ください。

『笑う日本史』（伊藤賀一・おほしんたろう［イラスト］、KADOKAWA）
『ニュースの〝なぜ？〟は日本史に学べ　日本人が知らない76の疑問』（伊藤賀一、SBクリエイティブ）
『47都道府県の歴史と地理がわかる事典』（伊藤賀一、幻冬舎）

スタディサプリの講師である伊藤賀一先生は、めちゃくちゃ知識と教養のある人です。著作はどれも本当に面白いので、ぜひみなさん読んでみてください。

これを読んだ上でスタディサプリの講義を見ると、もっと勉強が楽しくなります！

『橋元の物理をはじめからていねいに　改訂版』シリーズ（橋元淳一郎、ナガセ）

『田部の生物基礎をはじめからていねいに』（田部眞哉、ナガセ）

『岸の化学をはじめからていねいに』シリーズ（岸良祐、ナガセ）

『村瀬のゼロからわかる地理B』シリーズ（村瀬哲史、Gakken）

『一度読んだら絶対に忘れない日本史の教科書』（山﨑圭一、SBクリエイティブ）

『一度読んだら絶対に忘れない世界史の教科書』（山﨑圭一、SBクリエイティブ）

それぞれの勉強の入門になる一冊です。どれもこれも面白いですし、その科目を勉強していない状態でも楽しく読めてしまいます。特に一番オススメなのは地理です。すべての科目に波及効果がありますので、ぜひ一度読んでみてください！

『会計の世界史 イタリア、イギリス、アメリカ――500年の物語』（田中靖浩、日本経済新聞出版社）

ちょっと難しめですが、将来、経済学部や金融系の仕事につきたい人・お金を稼ぎたい人は読んでみてください。お金と世界史の結びつき方が、きれいにわかる一冊です。

『インド式かんたん計算法』（水野純、ニヤンタ・デシュパンデ【監修】、三笠書房）

計算スピードは、どこまでいっても大切です。計算が遅ければ、どんな大学も数学の試験で時間がなくなります。

インド式計算術を学んで、数字や数に対する概念を理解しておけば、どんな計算もパパパっと解けてしまいます。

21×17は357です。これをインド式数学ではパッと解けるようになります。興味がわいたら、ぜひ読んでください！

オススメ
人気No.1
わかりやすい
自分に合うのは
どれだろう

東大生が使っていたオススメ参考書紹介！

英語

『鉄緑会東大英単語熟語　鉄壁』（鉄緑会英語科［編］、KADOKAWA）

セクションが50個あります。なので、忙しい日や時間がどうしても取れない日以外は基本的に朝と夜に1セクションずつやっていました。そうすると、1ヶ月で1周することができるので、高3の7〜9月で3周して基礎理解を深めました。

単語を分解して、同じ意味の幹を持つ単語をまとめて紹介してくれるところが特にお気に入りのポイントです！　そのため、in がつくとこういう意味、ex がつくとこういう意味、というように体系的に理解することができました。

（東京大学教育学部　4年生）

『改訂新版　ドラゴン・イングリッシュ　基本英文100』（竹岡広信、講談社）

タイトルの通り、100文の英文が掲載されています。高校2年生のときから使い始め、電車の待ち時間や授業の間の休み時間などに読んで暗記していました。合計10〜20周ほどしたと思います。

文法勉強や読解、英作文などでとても役に立つ英文がまとまった参考書です。この100文を読んで覚えていくと、英語への苦手意識が薄れるだけでなく、英作文のときにパッと文章が思いつくようになります。

また、一文ずつ書いてあるので、スキマ時間で取り組みやすく、「1日△個覚える！」といったルールを決めるのもオススメです。

（東京大学農学部　4年生）

数学

『チャート式　基礎からの』シリーズ（チャート研究所［編著］、数研出版）

各単元に幅広いレベルの問題をそろえる総合問題集です。

何色かの種類があり、白＜黄＜青＜赤と、レベル順になっていますが、どの種類でもさまざまな難易度の問題を解くことができます。

レベル3までを以下のようなやり方で仕上げることがオススメです!!

①　まず問題を普通に解こうとする。（解けなくてもOK）
②　3分たっても手が動かなくなった段階で答えを見る。
③　答えを読んで納得する。理解できなければ質問に行く。
④　答えの1行1行について完璧に説明できるようにする。
（なぜ「点A、B、Cを座標平面上に置く」のか？　など）
⑤　（時間に余裕があれば）類題を解いて終了。

（東京大学文学部　4年生）

『Focus Gold』シリーズ（新興出版社啓林館）

問題集の基本的な構成は青チャート等と似ていますが、青チャートよりもハイレベルな問題が多く、この一冊だけでかなり高い水準まで到達することができます。問題が星の数（最大四つ）でレベル分けされているので、自分の志望校や数学への力の入れ具合に応じて進め方を考えていくと良いでしょう。

自分はこれを、ⅠA、ⅡB、Ⅲすべて3周し、それでも不安な問題だけ抜粋して解き直しも行いました。

また、各単元ごとに step up 問題という難問があるので、受験直前にはその問題で演習を行いました。

（東京大学教育学部　4年生）

『数学の良問プラチカ』シリーズ（河合出版）

難関大学の過去問を中心に、単元ごとに良問がそろえられた問題集。

『文系数学の良問プラチカ』の難易度はかなり高く、数学Ⅰ・Ⅱの応用問題に取り組みたい理系の生徒にもオススメ。

『チャート式』や『Focus Gold』などの網羅的な参考書で一通り基礎固めができてから取り組むといいと思います！

内容は、単元ごとに分かれていますが、入試問題が中心であり単元横断的な問題が多いです。解答には、「解法メモ」がついており、答えを導く上でのポイントが紹介されていて、また、特に難しい問題には、小さく十字架の印がつけられています。

以下のことを意識して使うといいです！

① すぐに答えを見ず、まずは30分自力で考える。

② どうしても何も浮かばないときは、解答の「解法メモ」だけ見てもう一回考えてみる。

③ ある程度解答が書けたら答え合わせをし、採点者の目線に立って添削する。

④ 解答がいまいち理解できない場合は、必ず先生や友達に聞く。

数学的な思考を鍛えるという目的で使うのが理想で、何周も解きなおす必要はあまりないと思います！

（東京大学教育学部　4年生）

国語

『入試現代文へのアクセス』シリーズ（荒川久志他、河合出版）

まず、現代文の参考書は他の教科に比べて少ない傾向にあります。それを踏まえると、この「アクセス」シリーズはとても幅広いレベルに対応している良い参考書だと思います。『基本編』『発展編』『完成編』の3つに分かれていて、言葉の通り基本編は本当に現代文、文章の読み方の基礎のところから始まり、完成編では共通テストで8〜9割くらいの点数が安定して取れるレベルまで到達できるものとなっています。

問題文章が良いだけでなく、解説で本文中に出てきたキーワードについて深掘りして説明してくれるため、一つの文章を読む際に学べることが多いと言えるでしょう！

（東京大学教育学部　3年生）

『現代文と格闘する』（竹国友康他、河合出版）

テストや大学受験などで出る問題を解くためのテクニックだけでなく、文章を読んで重要なポイントを正確に理解するためのテクニックを特に学ぶことができます。

使い方としては、ただひたすら読む。眠くなったり手が3秒止まったりしたら散歩しに行く、というのがいいでしょう。

そしてそのあと、演習問題を解くのです。

演習題の問題文を２００字程度で要約して、国語の先生に見てもらうのがオススメですね！　偏差値60以上の人にオススメの一冊です。


（東京大学文学部　４年生）

理科

『鎌田の理論化学の講義』大学受験Ｄｏシリーズ（鎌田真彰、旺文社）

教科書に載っているような表面的な理解だけでなく、その根本のところから、「なぜこの反応が起こるのか」「なぜこの動きになるのか」を教えてくれます。それを一つ理解するだけで習っていない他の反応などにも応用できます。

また、別冊付録で単語帳のようなものがついていて、入試で必要な化学の知識が整理されているので暗記にも非常に役に立ちます。

本冊で根本を理解して、それが整理された別冊で言葉を頭に落とし込んでいく、という風に使えると効率的に学ぶことができるでしょう。

（東京大学医学部　3年生）

『生物』（数研出版）→高校教科書

生物は暗記科目のように見えますが、一つひとつの事象について深く理解をすることがとても大事です。

そのため、まずは教科書を読みこんで重要な語句とその意味について押さえていきましょう。

また、どの生物がどのようなかたちをしているか、どのような大きさなのか、というところが重要になるため、図式と併せて理解することが必要になります。

自分は図を印刷して、それを見て生物名を答えるというクイズをしながら楽しく覚えていました。

（東京大学教育学部　4年生）

社会

『詳説日本史 改訂版 ノート』（詳説日本史ノート編集部［編］、山川出版社）

山川出版社の日本史の教科書に準拠した、まとめ学習に最適な書き込み式のノートです。教科書まるまる一冊分の問題が掲載されているため、一冊で幅広い知識をつけることができます！

私は学校で使用していた教科書とこの参考書を併用して、授業の復習を行っていました。ノートに実際に書き込めるものですが、何度も繰り返し学習したいため別のプリントに書いて勉強していました。

日本史はただ暗記するだけではなく、できごとの「本質」を捉えることがとても大事になるので、毎日少しずつ継続的に進めていました。

『新 よくでる一問一答』シリーズ（山川出版社）

暗記科目、特に世界史は授業を通してエピソード的に暗記したあと、その記憶が薄れてきたころに何度も反復することで記憶に定着します。学校の授業、授業プリントを読んだあとの反芻用として使っていました。他の一問一答は入試にあまり登場しない細かい知識が載っていたり、重要な語句が抜けていたりします。

（東京大学農学部　４年生）

世界史の山川一問一答に関しては、95％基礎的な内容しか載っておらず、重要語句がまとまっています。私大に世界史で挑む人も共通テストレベルの内容が定着していないと２次は安定しないので、この一問一答で効率的に基礎的内容を網羅できます。

（東京大学文科三類　１年生）

『改訂版　大学入学共通テスト　地理Bの点数が面白いほどとれる本』

（瀬川聡、KADOKAWA）

共通テスト地理Bの全範囲を網羅した総合解説書です。圧倒的人気を誇るのも納得の内容、とにかく説明がていねいかつユーモアにあふれていて、デザインも親しみやすいので読んでいて飽きません。また、本当に読んでいるだけで面白いほど知識が定着するので、電車などで長時間移動するときに常に持ち歩きたい一冊だと言えるでしょう！

自分は上で書いた通り、常にリュックに入れてこの本を持ち運び、移動時間等で読み進めていました。その際に、気になったところに付箋をつけていき、あとからそのページだけノートにまとめる、というやり方で復習も行っていました！

（東京大学教育学部　４年生）

【著者紹介】

西岡　壱誠（にしおか・いっせい）

◉――1996年生まれ。株式会社カルペ・ディエム代表。偏差値35から東大をめざすも、現役で不合格、一浪で不合格と、２年連続で不合格。後がない状況に置かれたことで、これまでの勉強法を見直した結果、偏差値70、東大模試で全国４位になり、見事、東大合格を果たす。

◉――東大に合格した勉強のしかたや、やる気を起こしてキープするノウハウなどを、全国の学生や学校の教員に伝えるため、2020年に株式会社カルペ・ディエムを設立。現在、全国の高校で高校生に思考法・勉強法を教えているほか、教員向けに指導法のコンサルティングを行っている。

◉――YouTubeチャンネル「スマホ学園」を運営、約1.2万人の登録者に勉強の楽しさを伝えている。

著書『東大読書』『東大作文』『東大思考』『東大独学』（いずれも、東洋経済新報社）はシリーズ累計40万部のベストセラー。『偏差値35から東大に合格してわかった　頭がいい人は○○が違う』（日経BP）他多数。

東大《とうだい》モチベーション
勉強《べんきょう》のやる気《き》がすぐ起《お》きて→ずっと続《つづ》く方法《ほうほう》

2023年10月２日　　第１刷発行

著　者――西岡　壱誠
発行者――齊藤　龍男
発行所――株式会社かんき出版
東京都千代田区麴町4-1-4 西脇ビル　〒102-0083
電話　営業部：03(3262)8011㈹　編集部：03(3262)8012㈹
FAX　03(3234)4421　　振替　00100-2-62304
https://kanki-pub.co.jp/

印刷所――大日本印刷株式会社

　ISBN978-4-7612-3102-6 C7037